¡Qué chévere!

Second Edition

Level 3

Grammar and Vocabulary

Paul J. Hoff

Nuria Ibarrechevea Hoff

A division of Carnegie Learning, Inc.

PITTSBURGH, PA – ST. PAUL, MN

Publisher
Alex Vargas

Director of Content Development
Kristin Hoffman

Spanish Editor
Gustavo Vargas

Production Manager
Bob Dreas

Senior Designer & Production Specialist
Jaana Bykonich

ISBN 978-1-53384-998-4

501 Grant St.
Union Trust Building, Suite 1075
Pittsburgh, PA 15219
E-mail: info@carnegielearning.com
Web site: www.emcschool.com

Printed in the United States of America

28 27 26 25 24 23 22 21 3 4 5 6 7 8 9 10

Table of Contents

Nombre: ______________________ Fecha: ____________

Unidad 1

Lección A

1 Conteste las siguientes preguntas con oraciones completas.

1. ¿Cómo estás?

____

2. ¿Dónde estuviste las vacaciones pasadas?

____

3. ¿Obedeces las reglas de tu colegio? Explica.

____

4. ¿Perteneces a algún coro? ¿Hay un coro en tu colegio?

____

5. ¿Hay una orquesta en tu colegio? ¿Cuándo son los ensayos?

____

6. ¿Tocas algún instrumento?

____

7. ¿Eres miembro de algún club?

____

8. ¿De qué club te interesa hacerte miembro?

____

9. ¿Te interesa colaborar con el consejo estudiantil? ¿Por qué (no)?

____

Nombre: ______________________ Fecha: ______________

Repaso rápido: El presente del indicativo

Many verbs are regular in the present tense:

estudiar: estudi**o**, estudi**as**, estudi**a**, estudi**amos**, estudi**áis**, estudi**an**
comer: com**o**, com**es**, com**e**, com**emos**, com**éis**, com**en**
vivir: viv**o**, viv**es**, viv**e**, viv**imos**, viv**ís**, viv**en**

Some other verbs have a stem change in all forms of the present tense except *nosotros* and *vosotros*:

pensar: p**ie**nso, p**ie**nsas, p**ie**nsa, pensamos, pensáis, p**ie**nsan
servir: s**i**rvo, s**i**rves, s**i**rve, servimos, servís, s**i**rven
volver: v**ue**lvo, v**ue**lves, v**ue**lve, volvemos, volvéis, v**ue**lven

Certain verbs have irregular *yo* forms in the present tense. See if you remember the first person singular form of the following verbs: *hacer, saber, conocer, salir, poner, decir, tener.*

2 Haga oraciones completas para decir las actividades que diferentes personas hacen en un día típico, usando el presente del indicativo y las pistas que se dan.

1. yo / estudiar español

____

2. mis amigos / ir a la biblioteca

____

3. mi prima / ver la televisión

____

4. Pamela / jugar al voleibol

____

5. nosotros / comer en la cafetería

____

6. tú / venir a clase

____

Nombre: ______________________________ Fecha: ______________

3 Encuentre seis verbos en el presente del indicativo.

W	Z	O	P	I	A	S	T	B	V
C	O	M	P	R	E	N	D	O	A
O	C	Z	X	O	P	A	T	Y	M
R	P	D	U	E	R	M	E	S	O
R	M	A	P	O	I	T	X	A	S
E	T	N	A	V	Y	G	H	E	P
A	M	I	P	S	A	L	E	T	V

4 Conteste las siguientes preguntas sobre un día típico.

1. ¿Qué ropa te pones para ir a la escuela?

____

2. ¿A qué hora sales de casa?

____

3. ¿Qué clases tienes?

____

4. ¿Dónde comes el almuerzo y con quién?

____

5. ¿Qué música escuchas?

____

6. ¿Cuántas horas duermes?

____

7. ¿Ves muchos videos? ¿Qué aplicación usas para verlos?

____

8. ¿Haces mucha tarea? ¿Cuándo y dónde la haces?

____

Nombre: ______________________________ Fecha: ______________

Repaso rápido: Los verbos que terminan en *-cer, -cir*

Many verbs that end in *-cer* and *-cir* have irregular *yo* forms in the present tense because the *-c* changes to *-zc.*

Paco conoce a la estudiante nueva pero yo no la conozco.
María Fernanda pertenece al club de ecología y yo también pertenezco.

5 Cambie las siguientes oraciones a la forma de *yo* para decir que Ud. tiene mucho en común con Diana.

MODELO: Diana merece una buena nota.
Yo merezco una buena nota también.

1. Diana conduce con cuidado.

____

2. Diana conoce a muchas personas.

____

3. Diana ofrece ayuda a sus amigos.

____

4. Diana reconoce los problemas.

____

5. Diana pertenece a un club.

____

6. Diana traduce las cartas.

____

7. Diana obedece las reglas del colegio.

____

8. Diana se parece mucho a su mamá.

____

Nombre: ______________________________ Fecha: ______________

Repaso rápido: Usos del presente

The present tense in Spanish can be used to describe typical activities, things that are happening as you speak, or actions in the immediate future.

Tenemos clase cinco días cada semana.	We have class five days a week.
Francisco estudia español.	Francisco is studying Spanish.
Esta tarde voy a la tienda.	This afternoon I am going to the store.

6 Complete el siguiente párrafo en forma lógica, usando los verbos de la caja y sus formas apropiadas.

ir tener llevar dormirse hacer levantarse estudiar hacer hablar comer jugar

Todos los días Ana (1) ____________ de la cama a las siete de la mañana. Ella (2) ____________ el desayuno y, luego, (3) ____________ a la escuela. Si (4) ____________ mal tiempo, ella (5) ____________ una chaqueta. Ana y sus amigas (6) ____________ en la biblioteca y (7) ____________ al básquetbol en el gimnasio. Mañana (8) ____________ un partido importante. Por la noche Ana (9) ____________ su tarea. Después (10) ____________ por teléfono con su mejor amiga y (11) ____________.

Nombre: ______________________________ Fecha: ______________

7 ¿Qué hace Ud. los fines de semana? Escriba un párrafo para describir sus actividades y las de su familia durante un fin de semana.

____

____

____

____

____

____

____

____

____

____

8 Ponga las letras en el orden correcto para escribir bien las palabras.

1. ogva ______________________
2. torah ______________________
3. doimatvo ______________________
4. tesaolotn ______________________
5. uoglloros ______________________
6. tcsareit ______________________
7. dzgnaoiora ______________________
8. osodestui ______________________
9. berlsnosape ______________________
10. jabatodrra ______________________

Nombre: ______________________________ Fecha: ______________

9 Conteste las siguientes preguntas con oraciones completas.

1. ¿En qué clase eres muy talentoso/a?

____

2. ¿Quién es un(a) profesor(a) estricto/a?

____

3. ¿Eres una persona muy estudiosa? ¿Cómo eres?

____

4. ¿Estás siempre motivado/a para estudiar? Explica.

____

5. ¿Crees que tener confianza en sí mismo es importante? Explica.

____

6. ¿De qué o de quién estás orgulloso/a?

____

10 Al empezar el año escolar, Ud. vuelve a ver a muchos amigos y profesores. Use los siguientes adjetivos para identificar y describir a diferentes personas.

estudioso	responsable	organizado	trabajador
vago	chistoso	estricto	talentoso

MODELO: mi mejor amiga
Mi mejor amiga se llama Sofía y es muy chistosa.

1. mi mejor amiga

____

2. mi mejor amigo

____

3. un(a) nuevo/a amigo/a

____

4. el/la profesor(a) de español

____

5. el/la director(a) del colegio

____

Nombre: ______________________________ Fecha: ______________

Repaso rápido: Número y género de los adjetivos

Remember that many adjectives have a singular masculine form ending in *-o* and a singular feminine form ending in *-a*. The plural is made by adding *-s*.

Isabel es cómica y su hermano es divertido. Ellos son simpáticos.

Some adjectives that end in *-e*, *-a* or a consonant have one form for the masculine and feminine singular and one form for the masculine and feminine plural.

Pilar es una profesora inteligente. Sus clases son populares.
Javier es un comerciante importante. Su tienda es muy grande.

Adjectives of nationality can have four different forms:

español/española/españoles/españolas
chileno/chilena/chilenos/chilenas

For plural adjectives, the masculine form is used if one or more of the subjects is masculine.

Natalia y Manuel son españoles.

11 Escriba oraciones completas para describir a Marta, sus parientes y sus amigos. Siga el modelo.

MODELO: Marta es simpática. Marta y Susana son simpáticas.

1. Marta es mexicana. Marta y su padre ______________________.
2. Marta es joven. Marta y sus amigas ______________________.
3. Marta es optimista. Marta y Luis ______________________.
4. Marta es inteligente. Todos sus familiares ______________________.
5. Marta es responsable. Su hermano también ______________________.
6. Los padres de Marta son elegantes. Ella también ______________________.

Nombre: ____ Fecha: _______________

Repaso rápido: *Ser y estar con adjetivos*

Use the verb *ser* with adjectives to give inherent qualities of people or things. Use *estar* with adjectives when indicating temporary conditions or states of being.

Mi hermano es estudioso.
Natalia es simpática y trabajadora.

Manuel está contento con sus clases.
César está triste porque recibió una mala nota.

Estar also is used to express personal opinions with which not everyone may agree.

La cena está deliciosa.
Felipe está muy guapo con su camisa nueva.

Remember that some adjectives change in meaning when used with *ser* or *estar*. They include *listo, aburrido, vivo* and *orgulloso*.

12 Complete las siguientes oraciones con la forma correcta de *ser* o *estar*.

Marcos y Rosa (1) ______________ contentos con sus trabajos. Rosa (2) ______________ profesora y sus estudiantes (3) ______________ muy listos. Marcos (4) ______________ un comerciante muy trabajador y su oficina (5) ______________ en el centro de la ciudad. Hoy los dos (6) ______________ ocupados porque van a tener una fiesta en su casa. Todo (7) ______________ listo y piensan que la fiesta va a (8) ______________ muy divertida.

Nombre: ______________________________ Fecha: ______________

Lección B

1 Escriba en los espacios las letras de las definiciones de la columna de la derecha que correspondan lógicamente con las palabras de la columna de la izquierda.

1. ______ niñera	A. persona que da clases
2. ______ músico	B. practica el deporte más popular del mundo
3. ______ instructor	C. persona que cuida niños
4. ______ futbolista	D. persona que entrega periódicos
5. ______ ciclista	E. toca en conciertos
6. ______ repartidor	F monta en bicicleta

2 Conteste las siguientes preguntas con oraciones completas.

1. ¿Qué deportes juegas?

   ____

2. ¿Qué deportes ves en la televisión?

   ____

3. ¿Qué deporte(s) prefieres ver en vivo? ¿Por qué?

   ____

4. ¿Cuál es tu deporte favorito?

   ____

5. ¿Te gustaría más trabajar de niñero/a o de repartidor(a) de periódicos?

   ____

6. ¿Qué quieres ser en el futuro?

   ____

Nombre: ______________________________ Fecha: ______________

3 Ponga los siguientes trabajos en el orden en que más le interesan y, luego, explique por qué le interesan más sus dos primeras opciones.

músico/a	beisbolista	ciclista
atleta	entrenador(a)	
mecánico(a)	repartidor(a)	niñero/a

1. ______________________________
2. ______________________________
3. ______________________________
4. ______________________________
5. ______________________________
6. ______________________________
7. ______________________________
8. ______________________________

Me interesa ser ____________________ porque ____________________

____

____.

También me interesa ser ____________________ porque ____________________

____

____.

Nombre: ______________________________ Fecha: ______________

Repaso rápido: *¿Qué es? o ¿Cuál es?*

The words *¿qué?* and *¿cuál?* are both translated as "what?" in English. Determine which of the words is appropriate according to the following guidelines:

Qué is used to ask for a definition, profession or nationality.

¿Qué es la ecología?	What is ecology?
¿Qué es ella, tenista o futbolista?	What is she, a tennis player or a soccer player?
¿Qué es Jairo, profesor o comerciante?	What is Jairo, a teacher or a businessman?

Use *cuál* to request specific information or a selection from a number of possibilities.

¿Cuál es tu número de teléfono?	What is your telephone number?
¿Cuál es su apodo?	What is his nickname?

Cuál can also mean "which" and *cuáles* "which ones" when you are choosing between two or more persons or things.

¿Cuáles son tus zapatos, los negros o los rojos?	Which shoes are yours, the black ones or the red ones?

4 Complete las siguientes preguntas, escogiendo entre *qué*, *cuál* o *cuáles*.

1. ¿______________ es la fecha de hoy?
2. ¿______________ es Pedro, futbolista o tenista?
3. ¿______________ comes por la mañana?
4. ¿______________ son tus libros favoritos?
5. ¿______________ es la capital de Puerto Rico?
6. ¿______________ es la libertad?
7. ¿______________ son tus deportes favoritos?

Nombre: ______________________________ Fecha: ______________

Repaso rápido: El verbo *ser* para describir ocupaciones o profesiones

To give a person's profession use the verb *ser* without an indefinite article.

Susana es médica.	Susana is a doctor.
Juan es arquitecto.	Juan is an architect.

When a profession is accompanied by an adjective, the indefinite article is used.

Susana es una médica excelente.	Susana is an excellent doctor.
Juan es un arquitecto creativo.	Juan is a creative architect.

5 Escriba oraciones completas para decir las ocupaciones de las siguientes personas y, luego, dar una descripción de cada persona. Use las pistas que se dan.

MODELO: mi tío / músico / popular
Mi tío es músico. Es un músico popular.

1. mi prima / atleta / famosa

____

2. Teresa / guitarrista / fantástica

____

3. Manuel / repartidor / simpático

____

4. Juan y Luisa / entrenadores de animales / excelente

____

____

5. Pedro / mecánico / creativo

____

6. Carlos / instructor / excelente

____

Nombre: ______________________________ Fecha: ______________

6 Conteste las siguientes preguntas con oraciones completas.

1. ¿Prefieres las películas de ciencia ficción o las de aventuras?

____

2. ¿Te gustan más las películas cómicas o las de terror?

____

3. ¿Qué película te encanta?

____

4. ¿Qué película te disgusta?

____

5. ¿Con qué frecuencia vas al cine?

____

7 Escriba los nombres de seis películas o programas de televisión. Luego, indique el tipo de cada película/programa.

	película/programa	**tipo**
MODELO:	Expediente X	ciencia ficción
1.	______________	______________
2.	______________	______________
3.	______________	______________
4.	______________	______________
5.	______________	______________
6.	______________	______________

Nombre: ______________________________ Fecha: ______________

Repaso rápido: *Gustar*

The verb *gustar* (to be pleasing) is used to convey the notion of liking something. The present tense forms are *gusta* and *gustan* while the preterite tense forms are *gustó* and *gustaron*.

Me gusta esta clase.	I like this class.
No me gustan esos programas.	I don't like those programs.

The verb *gustar* is used with indirect object pronouns to say who likes what: *me, te, le, nos, os, les*.

¿Te gusta la música?	Do you like music?
Nos gustan los conciertos.	We like concerts.

Note that *a* plus a name or pronoun may be added for clarity or emphasis.

A mí me gustó el restaurante.	I liked the restaurant.
A Ana le gustó la comida.	Ana liked the food.

8 Escriba oraciones lógicas usando información de cada columna.

yo		los deportes
tú		el colegio
mi amiga	gustar	estudiar
Ud.		los conciertos
nosotros		bailar
mis amigos		la playa

1. ______________________________
2. ______________________________
3. ______________________________
4. ______________________________
5. ______________________________
6. ______________________________

Nombre: ______________________________ Fecha: ______________

Repaso rápido: Otros verbos como *gustar*

Several verbs are conjugated like the verb *gustar* and are preceded by indirect object pronouns. They include *encantar, fascinar, interesar, importar, molestar* and *parecer.*

Nos interesan las noticias.	The news interests us.
Me molesta ese programa.	That program bothers me.

9 Conteste las preguntas para hablar de sus intereses y preferencias.

1. ¿Qué programa de televisión te encanta?

____

2. ¿Te interesan más los documentales o las películas de aventuras?

____

3. ¿Te gustan o te molestan las películas de terror?

____

4. ¿Qué tema político o social te interesa mucho en un documental?

____

5. La música es una parte importante del cine. ¿Qué artista musical te fascina?

____

6. ¿Qué artista musical le fascina al/a la profesor(a) de español?

____

10 Use *gustar* y otros verbos similares para escribir seis frases originales sobre los gustos de personas en su familia.

MODELO: A mi hermano le encanta cocinar.

1. ______________________________
2. ______________________________
3. ______________________________
4. ______________________________
5. ______________________________
6. ______________________________

Nombre: ______________________________ Fecha: ______________

Unidad 2

Lección A

1 Termine cada oración con una palabra apropiada de la caja.

bigote	rizado	lentes
gemelas	calvo	esposo

1. Adela tiene pelo ______________________.
2. Su padre no tiene pelo. Es un hombre ______________________.
3. El padrastro de Gabi tiene ______________________.
4. Mi abuelo es el ______________________ de mi abuela.
5. Elisa no ve bien y por lo tanto lleva ______________________.
6. Las hermanas de Adela nacieron el mismo día. Ellas son ______________________.

2 Encuentre siete palabras referentes a parientes.

O	P	I	Y	T	V	A	W	M	N	M
L	P	A	D	R	I	N	O	X	T	A
E	P	O	B	N	L	K	J	N	Z	D
S	U	E	G	R	A	P	N	U	X	R
P	M	T	Y	I	U	F	G	E	O	I
O	Z	C	U	Ñ	A	D	A	R	P	N
S	Y	M	C	X	E	A	L	A	D	A
A	M	L	Y	E	R	N	O	O	G	W

Nombre: ______________________ Fecha: __________

Repaso rápido: Palabras afirmativas y negativas

Negative words (i.e. *nada, nadie, ninguno/a, nunca, tampoco*) may precede or follow the verb. When they come after the verb, you must use *no* before the verb.

Nunca trabajo los sábados.
No trabajo nunca los sábados.

The words *alguno* and *ninguno* change to *algún* and *ningún* before a masculine singular noun.

¿Tienes algún amigo cubano?
No tengo ningún amigo cubano.

¿Tienes algunas clases aburridas?
No tengo ninguna clase aburrida.

Note that *algunos/as* (some) and *unos/as* (a few) are similar in meaning.

Tengo algunas novelas románticas y unas novelas de misterio.

3 Cambie lo afirmativo a negativo y lo negativo a afirmativo.

1. Siempre comemos a la una.

   ____

2. No hay nadie en casa.

   ____

3. Luis no va a la fiesta y Ana tampoco.

   ____

4. Tengo algunas amigas mexicanas.

   ____

5. Felipe todavía vive con sus padres.

   ____

6. No quiero comprar nada.

   ____

Nombre: ______________________________ Fecha: ______________

4 Escriba en los espacios las letras de las definiciones de la columna de la derecha que correspondan lógicamente con las palabras de la columna de la izquierda.

1. ______ terraza	A. da calor a una casa
2. ______ vaciar	B. sacar el contenido de algo
3. ______ regar	C. una máquina para cortar el césped
4. ______ clavar	D. lo que se hace con un martillo
5. ______ cortacésped	E. lugar fuera de la casa
6. ______ calefacción	F. dar agua a las plantas
7. ______ enchufar	G. conectar un aparato a la electricidad

5 Conteste las siguientes preguntas con oraciones completas.

1. ¿Prefieres regar las plantas o cortar el césped?

____

2. ¿Te gusta decorar? ¿Qué has decorado?

____

3. ¿Quién vacía los basureros en tu casa?

____

4. ¿Dónde hay un extinguidor de incendios donde vives?

____

5. ¿Tiene una terraza tu casa?

____

6. ¿Compartes tu habitación con alguien? ¿Con quién?

____

7. ¿Cuántos detectores de humo hay en tu casa? ¿Dónde están?

____

8. ¿En qué año se construyó tu casa?

____

Nombre: ______________________________ Fecha: ______________

Repaso rápido: Usos del gerundio y la construcción progresiva

The present participle (gerund) ends in *-ando* for *-ar* verbs and *-iendo* for *-er* and *-ir* verbs. Only *-ir* verbs with stem changes in the preterite tense have stem changes in the present participle. Usually the *gerundio* is equivalent to the English **-ing** verb ending.

hablar → hablando
comer → comiendo
escribir → escribiendo
servir (sirvió) → sirviendo
sentir (sintió) → sintiendo
dormir (durmió) → durmiendo

Note that the following verbs have a spelling change in the gerund:

caer → cayendo
leer → leyendo
oír → oyendo
traer → trayendo

The present progressive tense is used to talk about actions taking place at a given time. It is formed by combining a form of the verb *estar* with the present participle.

Carolina está viendo la televisión. Carolina is watching television.
Nosotros estamos estudiando. We are studying.

When using the present progressive, object pronouns may be placed before the verb *estar* or after the gerund.

Carlos me está llamando.
Carlos está llamándome. Carlos is calling me.

Note that in Spanish you use an infinitive and not a gerund when the verb is the subject of a sentence.

Estudiar es muy importante. Studying is very important.

Nombre: ______________________________ Fecha: ______________

6 Complete las siguientes oraciones para decir lo que diferentes personas están haciendo, escogiendo el verbo apropiado de la caja y usando el presente progresivo.

regar	dormir	sacar	estudiar
pintar	correr	servir	

1. Tania ______________________ las plantas.
2. Julio ______________________ en el parque.
3. Yo ______________________ español.
4. María ______________________ la cerca.
5. Mis amigos ______________________ la siesta.
6. Carlos ______________________ al perro.
7. Tú ______________________ la comida.

7 Piense en seis familiares suyos y lo que están haciendo ahora mismo. Escriba seis frases para resumir sus actividades.

MODELO: Mi hermana está trabajando en su oficina.

1. ____
2. ____
3. ____
4. ____
5. ____
6. ____

Nombre: ______________________ Fecha: ______________

Repaso rápido: El uso impersonal de se

The word *se* can be used in an impersonal sense to say that "people do..., you do... or one does...." Note that the verb may be singular or plural, depending on whether the subject is singular or plural.

En España se come un desayuno pequeño.	In Spain people eat a small breakfast.

Statements with *se* are very common in instructions and posted signs.

Se vende casa.	House for sale.

8 Escriba en los espacios las letras de los lugares de la columna de la derecha que correspondan lógicamente con los anuncios de la columna de la izquierda.

1. _____ Se venden libros usados.	A. una tienda para turistas en Miami
2. _____ Se habla español.	B. una compañía internacional
3. _____ Se busca secretaria bilingüe.	C. un restaurante español
4. _____ Se sirve paella.	D. una librería
5. _____ Se alquilan carros.	E. un parque público
6. _____ Se prohíbe pisar el césped.	F. una compañía que presta medios de transporte

9 Escriba el lugar o la cosa que corresponde a cada frase.

1. se va de un piso a otro ______________________
2. se seca la ropa ______________________
3. se hace ejercicio ______________________
4. se lava la ropa ______________________
5. se riegan las plantas ______________________
6. se va de un cuarto a otro ______________________

Nombre: ______________________ Fecha: ______________

Lección B

1 Complete el siguiente crucigrama con palabras referentes a objetos del baño.

Horizontales

4. se usa para secarse
6. se usa para cepillarse los dientes (tres palabras)
7. se usa para arreglarse el pelo

Verticales

1. se usa con el cepillo de dientes para cepillarse los dientes (tres palabras)
2. se usa para pintarse las uñas (tres palabras)
3. se usa para lavarse las manos y el cuerpo
5. se usa para secarse el pelo
6. se usa para lavarse el pelo

Nombre: ______________________________ Fecha: ______________

2 Conteste las siguientes preguntas con oraciones completas.

1. ¿Cuánto tiempo necesitas para prepararte por la mañana?

   ____

2. En tu familia, ¿quién necesita mucho tiempo para prepararse?

   ____

3. ¿Eres mandón(a)? ¿Quién es mandón(a) en tu casa?

   ____

4. ¿En qué situación te pones furioso/a?

   ____

5. ¿Cuántas veces usas el cepillo y la pasta de dientes en un día típico?

   ____

6. ¿En qué cuarto hay más desorden en tu casa?

   ____

7. ¿Eres una persona paciente? Explica.

   ____

Repaso rápido: Construcciones reflexivas

In reflexive constructions the subject of the sentence is also the recipient of the action.

*Ella **se** prepara.*	She is getting herself ready.
Ella prepara la comida.	She is preparing the food.

Reflexive constructions include reflexive pronouns:

yo **me** preparo	nosotros **nos** preparamos
tú **te** preparas	vosotros **os** preparáis
él, ella, Ud. **se** prepara	ellos, ellas, Uds. **se** preparan

When a conjugated verb is followed by an infinitive the reflexive pronoun may precede the first verb or be attached to an infinitive.

Nombre: ____________________ Fecha: __________

3 Haga oraciones completas con las pistas que se dan para decir las actividades que hacen por la mañana las siguientes personas en un día típico.

1. los profesores / levantarse pronto

   ____

2. yo / bañarse rápidamente

   ____

3. mis amigos / despertarse a las seis

   ____

4. tú / cepillarse los dientes

   ____

5. mi prima / pintarse las uñas

   ____

6. nosotros / prepararse para salir

   ____

4 Los siguientes verbos corresponden a actividades típicas de la mañana. Póngalos en la forma *yo* del presente en el orden en el que Ud. los hace.

vestirse	peinarse	despertarse
bañarse	**secarse**	**cepillarse los dientes**

1. ______________________________
2. ______________________________
3. ______________________________
4. ______________________________
5. ______________________________
6. ______________________________

Nombre: ______________________________ Fecha: ______________

Repaso rápido: Otras construcciones reflexivas

Several reflexive verbs convey the idea of "to become" or "to get." They include *enojarse* (to get mad), *aburrirse* (to get bored), *enfermarse* (to get sick) and *ponerse* + adjective (*furioso/a, nervioso/a, triste, feliz*, etc.).

Me enojo cuando saco una mala nota.	I get mad when I get a bad grade.
Los estudiantes se ponen nerviosos antes de un examen.	The students get nervous before a test.

5 Complete las siguientes oraciones de una manera lógica.

1. Me pongo triste cuando ______________________.
2. Nosotros nos aburrimos cuando ______________________.
3. Mis amigos se enojan cuando ______________________.
4. Algunas personas se enferman cuando ______________________.
5. Mi mejor amiga se pone nerviosa cuando ______________________.
6. La profesora se pone feliz cuando ______________________.

6 Use los verbos de la lista de abajo para escribir seis oraciones originales sobre diferentes personas en su familia.

aburrirse	ponerse nervioso	enojarse	levantarse
enfermarse	parecerse a	lastimarse	dormirse

MODELO: Mi madre se pone nerviosa durante los partidos de fútbol.

1. ______________________
2. ______________________
3. ______________________
4. ______________________
5. ______________________
6. ______________________

Nombre: ______________________________ Fecha: ______________

Repaso rápido: **Cambios de significado en las construcciones reflexivas y las acciones recíprocas**

The use of a reflexive pronoun changes the meaning of some verbs. They include:

dormir	to sleep	*dormirse*	to fall asleep
ir	to go	*irse*	to leave
levantar	to raise	*levantarse*	to get up
parecer	to seem	*parecerse*	to look like

The plural reflexive forms of certain verbs also can be used to indicate reciprocal actions.

Ana y Alejandro se quieren.	Ana and Alejandro love each other.
Mi familia y yo nos ayudamos.	My family and I help each other.

7 Complete lógicamente las siguientes oraciones, escogiendo el verbo apropiado entre paréntesis y escribiendo, luego, su forma correcta en el presente.

1. Teresa y Ana son gemelas. Ellas ____________________ mucho. (parecer/parecerse)
2. Paco ____________________ ocho horas cada noche. (dormir/dormirse)
3. Los estudiantes ____________________ la mano en clase. (levantar/levantarse)
4. El sábado nosotros ____________________ a ir a un concierto. (ir/irse)
5. A veces yo ____________________ en el sofá cuando miro la televisión. (dormir/dormirse)
6. Esta película ____________________ interesante a mí. ¿Quieres ____________________ al cine conmigo? (parecer/parecerse; ir/irse)
7. Marcos ____________________ al final de la clase y después ____________________. (levantar/levantarse; ir/irse)

Nombre: ______________________________ Fecha: ______________

8 Piense en cinco acciones recíprocas entre Ud. y sus amigos y escríbalas en los espacios de abajo.

MODELO: Nosotros nos saludamos.

1. ______________________________

2. ______________________________

3. ______________________________

4. ______________________________

5. ______________________________

9 Encuentre ocho palabras que aparecen en el *Vocabulario B2*.

Y	P	S	Á	B	A	N	A	S	Ó	C
W	E	B	T	Y	M	A	N	P	T	U
A	S	C	Ó	M	O	D	A	V	A	B
C	T	L	Ó	R	T	Y	U	V	B	R
P	A	D	Q	B	X	M	O	Y	C	E
E	N	C	O	L	C	H	Ó	N	V	C
R	T	W	P	O	L	N	C	A	P	A
C	E	C	P	C	O	B	I	J	A	M
H	A	L	M	O	H	A	D	A	Z	A
A	Y	P	V	C	Z	X	A	E	M	S
S	K	Ó	L	U	E	Z	S	R	T	R

Nombre: ______________________________ Fecha: ______________

10 Conteste las siguientes preguntas con oraciones completas.

1. ¿Quién es desordenado/a en tu familia?

____

2. ¿Cómo es tu cuarto?

____

3. ¿Qué usas para decorar tu cuarto?

____

4. ¿De qué color son las sábanas y las fundas de tu cama?

____

5. ¿Dónde guardas tu ropa, en el armario o en la cómoda?

____

6. ¿Hay muchos libros en los estantes de tu cuarto? ¿Cuáles son tus favoritos?

____

7. ¿Qué hay en la mesita de noche?

____

8. ¿Cuál es una desventaja de compartir un cuarto?

____

9. ¿A qué hora suena tu despertador?

____

10. ¿Quién limpia y barre en tu casa?

____

Nombre: ______________________________ Fecha: ______________

Repaso rápido: Los mandatos informales afirmativos

You can tell people you address with *tú* to do something by using informal commands. Most of these commands have the same form as *él* or *ella* in the present tense.

Limpia tu cuarto, por favor.	Clean your room, please.
Corre conmigo mañana.	Run with me tomorrow.

The following verbs have irregular *tú* commands: *decir, hacer, ir, poner, salir, ser, tener, venir.* Do you remember their forms?

Note that object pronouns and reflexive pronouns are attached to affirmative *tú* commands. Also note that with commands and pronouns that have three syllables or more it is necessary to add an accent mark in order to keep the original stress of the word.

Ponlos en la mesa.	Put them on the table.
Devuélvelo a la tienda.	Return it to the store.
Llámame esta noche.	Call me tonight.
Explícamelo ahora.	Explain that to me now.

11 Susana y Carolina tienen que limpiar su cuarto. Forme mandatos informales para decir lo que Susana le dice a su hermana.

MODELO: colgar la ropa — Cuélgala.

1. hacer la cama ______________
2. devolver la ropa ______________
3. limpiar el estante ______________
4. barrer el suelo ______________
5. organizar los papeles ______________
6. decorar el cuarto ______________
7. usar las perchas ______________
8. arreglar los estantes ______________
9. guardar la cobija ______________
10. buscar las sábanas y las fundas ______________

Nombre: ______________________________ Fecha: ______________

12 Piense en seis mandatos que la profesora Ramos dice a su alumna Susana.

1. ______________________________
2. ______________________________
3. ______________________________
4. ______________________________
5. ______________________________
6. ______________________________

13 Escriba en los espacios las letras de los adverbios y preposiciones en inglés de la columna de la derecha que correspondan lógicamente con los adverbios y preposiciones en español de la columna de la izquierda.

1. ______ delante de	A. far from
2. ______ encima de	B. to the left of
3. ______ a la izquierda de	C. here
4. ______ cerca de	D. between
5. ______ al lado de	E. in front of
6. ______ enfrente de	F. to the right of
7. ______ aquí	G. on top of
8. ______ entre	H. close to
9. ______ lejos de	I. next to
10. ______ a la derecha de	J. across, facing

Nombre: ______________________________ Fecha: ______________

14 Piense en su casa o apartamento y escriba seis oraciones para decir dónde están seis diferentes lugares u objetos.

MODELO: El comedor está al lado de la sala.

1. ______________________________
2. ______________________________
3. ______________________________
4. ______________________________
5. ______________________________
6. ______________________________

15 Lea el mensaje que Clara escribe a su amiga Elena y luego conteste las preguntas.

Hola Elena, Esta mañana me puse furiosa con mis hermanos. Primero mi hermana no limpió el baño. Dejó ropa, el cepillo de dientes, la pasta de dientes, el esmalte de uñas, el lápiz de labios, el secador y otras cosas por todas partes. Después mi querido hermano ni barrió ni sacó la basura. Es su responsabilidad limpiar la cocina, pero esta mañana insistió en tocar la guitarra en su cuarto en vez de ayudar. Nos queremos mucho, pero el desorden me molesta y ellos casi nunca ayudan. A veces me levanto y quiero llorar cuando veo la casa. ¡Es un desastre, pero quiero mucho a mi familia!

1. ¿Qué problemas hay en la casa, según Clara?

____

____

2. ¿Qué hizo o no hizo su hermana esta mañana?

____

____

3. ¿Qué hizo o no hizo su hermano?

____

____

4. ¿Qué le molesta a Clara cuando se levanta?

____

____

5. ¿Vives tú en una casa ordenada o desordenada?

____

6. ¿Quién es la persona más ordenada de tu familia?

____

Nombre: ______________________________ Fecha: ______________

Unidad 3

Lección A

1 Complete el siguiente crucigrama con palabras que aparecen en el *Vocabulario A1*.

Horizontales

4. sección donde hay noticias de dinero
5. sección donde están los crucigramas
7. sinónimo de *pasar*
9. sección donde hay avisos para vender casas
10. en la __ de televisión están los horarios de los programas

Verticales

1. hacer preguntas a otra persona
2. en el suplemento __ está la sección de ocio
3. lo que un presidente dice al público
6. sinónimo de *enterarse*
8. lo que Ud. está haciendo ahora

Nombre: ______________________ Fecha: __________

2 Escoja de la caja la sección del periódico asociada con cada noticia y escríbala en el espacio.

política	espectáculos	deportes
finanzas	clasificados	

1. La selección nacional de fútbol va a jugar el domingo.

   ____

2. Mañana hay una reunión importante entre representantes de los gobiernos de España y Estados Unidos.

   ____

3. El director mexicano Alejandro González Iñárritu filmará una nueva película.

   ____

4. La bolsa de valores ha sufrido otra caída.

   ____

5. Se vende un coche deportivo por buen precio.

   ____

3 Conteste las siguientes preguntas con oraciones completas.

1. ¿A quién te gustaría entrevistar?

   ____

2. ¿Prefieres la sección de finanzas o la de ocio?

   ____

3. ¿Qué parte del periódico lees con más frecuencia?

   ____

4. ¿Cuál es la noticia más importante en estos días?

   ____

5. ¿Qué tipo de noticias vienen en el suplemento dominical del periódico que tú lees?

   ____

6. ¿Cómo se llama el periódico de tu colegio o tu ciudad?

   ____

Nombre: ______________________ Fecha: ____________

Repaso rápido: El pretérito

The preterite tense is used to talk about past actions and events. Regular preterite verbs are formed with the patterns found below. Note that *-er* and *-ir* verbs have the same endings.

	escuchar	**aprender**	**vivir**
yo	escuch**é**	aprend**í**	viv**í**
tú	escuch**aste**	aprend**iste**	viv**iste**
Ud./él/ella	escuch**ó**	aprend**ió**	viv**ió**
nosotros/nosotras	escuch**amos**	aprend**imos**	viv**imos**
vosotros/vosotras	escuch**asteis**	aprend**isteis**	viv**isteis**
Uds./ellos/ellas	escuch**aron**	aprend**ieron**	viv**ieron**

Verbs that end in *-car*, *-gar* and *-zar* require a spelling change in the preterite tense *yo* form.

*to**car*** → *to**qué*** *lle**gar*** → *lle**gué*** *comen**zar*** → *comen**cé***

4 Haga oraciones completas en el pretérito, usando las pistas que se dan.

1. nosotros / leer las noticias nacionales

____

2. los bomberos / salvar a seis personas

____

3. yo / enterarme de las noticias

____

4. la periodista / entrevistar a los actores

____

5. tú / escribir un artículo interesante

____

6. el reportero / investigar el crimen

____

Nombre: ______________________________ Fecha: ______________

5 Complete las siguientes oraciones, escogiendo el verbo apropiado de la caja y la forma correcta del preterito.

escuchar	escribir	participar
decidir	sufrir	ver

1. El año pasado Japón ____________________ un temblor.
2. El mes pasado yo ____________________ en un concurso.
3. Mis amigos ____________________ la noticia en la radio.
4. Mi hermana ____________________ una composición para su clase.
5. Ayer nosotros ____________________ dos programas de televisión.
6. El juez ____________________ mandar al criminal a la cárcel.

6 Conteste las siguientes preguntas sobre noticias y actividades del último mes.

1. ¿Qué noticia escucharon Uds. anoche?

   ____

2. ¿Qué noticia leíste en el periodico ayer?

   ____

3. ¿En qué actividad participaste en el colegio el otro día?

   ____

4. ¿Qué escribieron Uds. para la clase de español la semana pasada?

   ____

5. ¿Qué aprendieron Uds. en la clase de español el mes pasado?

   ____

6. ¿A qué hora llegaste al colegio ayer?

   ____

7. ¿Quiénes hablaron mucho español en clase la semana pasada?

   ____

Nombre: ______________________________ Fecha: ______________

Repaso rápido: Verbos irregulares en el pretérito

There are several types of irregular preterite verbs. For example, *-ir* verbs that are stem changing in the present tense have a stem change in the third person singular and plural forms of the preterite tense.

pedir		dormir	
pedí	pedimos	dormí	dormimos
pediste	pedisteis	dormiste	dormisteis
p**i**dió	p**i**dieron	d**u**rmió	d**u**rmieron

Some other verbs like *pedir* include *conseguir, divertirse, preferir, reírse, repetir, sentirse* and *vestirse*.

Another verb conjugated like *dormir* is *morir*.

Note the spelling of the third person singular and plural forms of *decir* and *traer*: *dijeron, trajeron*.

The following three verbs also are irregular in the preterite:

dar		ir/ser	
di	dimos	fui	fuimos
diste	disteis	fuiste	fuisteis
dio	dieron	fue	fueron

Nombre: ______________________________ Fecha: ______________

7 Forme oraciones completas en el pretérito.

1. nosotros / hacer la tarea

   ____

2. mis tíos / dormir poco anoche

   ____

3. yo / ir a mis clases

   ____

4. Ud. / leer el artículo

   ____

5. tú / pedir la información

   ____

6. mis amigos y yo / tener un examen

   ____

7. los atletas / preferir jugar por la tarde

   ____

8. mis hermanitos / vestirse solos esta mañana

   ____

9. todos / divertirse en la fiesta anoche

   ____

10. Ud. / dar un paseo por el parque ayer

   ____

Nombre: ______________________ Fecha: ____________

Repaso rápido: Verbos irregulares en el pretérito II

Remember that verbs that end in *-aer, -eer, -uir,* as well as the verb *oír,* change the *i* to *y* in the third person singular and plural forms. With the exception of verbs ending in *-uir,* these verbs have a written accent on the *i* of all the preterite forms.

leer		**contribuir**	
leí	leímos	contribuí	contribuimos
leíste	leísteis	contribuiste	contribuisteis
le**y**ó	le**y**eron	contribu**y**ó	contribu**y**eron

Other verbs like *leer* (to read) and *contribuir* (to contribute) are *oír* (to listen), *caerse* (to fall down), *destruir* (to destroy) and *construir* (to build).

The following group of verbs has special stems and the same endings in the preterite: *estar (estuve, estuviste, estuvo, estuvimos, estuvisteis, estuvieron), hacer (hice), poder (pude), poner (puse), querer (quise), saber (supe), tener (tuve), venir (vine), traer (traje), decir (dije).*

8 Escriba oraciones lógicas en el pretérito, usando elementos de cada columna.

yo	ir	la comida
tú	leer	el periódico
mi amiga	estar	la siesta
el profesor	ser	estudiantes
mis amigos y yo	dormir	en el parque
mis tíos	divertirse	en la fiesta
mis amigos	pedir	a la tienda

1. ______________________
2. ______________________
3. ______________________
4. ______________________
5. ______________________
6. ______________________
7. ______________________

Nombre: ______________________________ Fecha: ______________

9 Escriba en los espacios las letras de las frases de la columna de la derecha que correspondan lógicamente con las palabras de la columna de la izquierda.

1. _____ el estreno	A. consiste en muchas preguntas y respuestas
2. _____ el festival	B. se usa para grabar video
3. _____ las ruedas de prensa	C. lo que se hace con una grabadora o una cámara
4. _____ la cámara digital	D. la presentación de una película por primera vez
5. _____ el ordenador	E. lo mismo que computadora
6. _____ grabar	F. evento en el cual se presentan muchas películas

10 Conteste las siguientes preguntas con oraciones completas.

1. ¿Hay algún festival de cine donde vives? ¿Cuál?

   ____

2. ¿Cómo se llama un famoso festival de cine o música? ¿Te gustaría asistir?

   ____

3. ¿Qué necesitas para grabar una entrevista?

   ____

4. ¿Te gustaría trabajar como fotógrafo/a? ¿Por qué?

   ____

5. ¿Te gustan las cámaras digitales? Explica.

   ____

6. Cuando sacas fotos, ¿prefieres usar tu celular o una cámara? ¿Por qué?

   ____

7. ¿Te gusta tomar notas en papel o prefieres usar una computadora o una tableta? Explica.

   ____

Repaso rápido: Expresiones de tiempo con *hace*

Use the pattern *hace* + time + *que* + present tense verb to say how long something has been going on.

¿Cuánto tiempo hace que vives en Barcelona?	How long have you been living in Barcelona?
Hace dos años que vivo aquí.	I have been living here for two years.

To say how long ago something happened, use the following pattern: *hace* + time + *que* + preterite tense verb.

¿Cuánto tiempo hace que conociste a Diana?	How long ago did you meet Diana?
La conocí hace seis años.	I met her six years ago.

11 Escriba en los espacios las letras de las oraciones de la columna de la derecha que correspondan lógicamente con las personas de la columna de la izquierda.

1. ______ Pablo es cantante.	A. Hace muchos años que juega al béisbol.
2. ______ Julia es niñera.	B. Hace diez años que empezó a cantar.
3. ______ Alicia es atleta.	C. Hace una semana que salvó a un paciente.
4. ______ Roberto es fotógrafo.	D. Hace seis años que enseña español.
5. ______ Diana es periodista.	E. Hace tres días que entrevistó al presidente.
6. ______ Juanita es mecánica.	F. Hace quince años que saca fotos.
7. ______ Claudia es médica.	G. Hace tres años que reparte pizzas.
8. ______ Cristina es entrenadora.	H. Hace seis meses que empezó a cuidar niños.
9. ______ Hugo es profesor.	I. Hace una semana que reparó mi coche.
10. ______ Jaime es repartidor.	J. Hace cinco años que trabaja con atletas.

Nombre: ______________________ Fecha: ______________

Repaso rápido: El imperfecto

You have learned the preterite to discuss the past. The imperfect is also used to discuss the past, and it is formed by following the patterns shown below. Note that *-er* and *-ir* verbs have the same endings.

estudiar		**hacer**		**pedir**	
estudiaba	estudiábamos	hacía	hacíamos	pedía	pedíamos
estudiabas	estudiabais	hacías	hacíais	pedías	pedíais
estudiaba	estudiaban	hacía	hacían	pedía	pedían

There are three irregular verbs in the imperfect tense:

ir: iba, ibas, iba, íbamos, íbais, iban
ser: era, eras, era, éramos, erais, eran
ver: veía, veías, veía, veíamos, veías, veían

The imperfect has several uses when talking about the past. For example, it is used to describe ongoing or habitual actions.

Yo estudiaba mientras mi hermana veía la televisión.
Muchas veces salíamos a comer los sábados.

The imperfect also is used to describe situations or events in the past.

Había muchas personas en el festival de cine.

The imperfect also describes states and conditions in the past.

Estaba muy contento y pensaba que no había ningún problema.

Nombre: ______________________________ Fecha: ______________

12 Cambie las oraciones al imperfecto para comparar la vida actual de Pedro con la vida de su abuelo hace cincuenta años.

MODELO: Pedro estudia todos los días.
Su abuelo estudiaba todos los días.

1. Pedro vive en un pueblo pequeño.

   Su abuelo ______________________________

2. Pedro escribe mensajes de texto.

   Su abuelo no ______________________________

3. Pedro practica el básquetbol con sus amigos.

   Su abuelo ______________________________

4. Pedro lee el periódico en la computadora.

   Su abuelo no ______________________________

5. Pedro tiene dos hermanas.

   Su abuelo ______________________________

6. Pedro es muy trabajador.

   Su abuelo ______________________________

13 Escoja cinco expresiones que se usan a menudo con el imperfecto.

una vez	en ese instante	cada semana
a veces	todos los días	
siempre	**de repente**	**a menudo**

Nombre: ______________________ Fecha: ____________

14 Complete el siguiente párrafo, escogiendo entre los verbos de la lista y usando las formas correctas del imperfecto.

ser	divertirse	gustar
tener	jugar	ir

Cuando (1) ____________ diez años, me (2) ____________ mucho los deportes. Casi todos los días (3) ____________ al béisbol o al tenis con mis amigos. Muchas veces por la noche nosotros (4) ____________ al estadio para ver los partidos de béisbol. Mi equipo favorito (5) ____________ muy bueno y mis amigos y yo (6) ____________ mucho.

15 Escriba seis oraciones originales en el imperfecto para describir su vida a los diez años, usando las pistas que se dan.

MODELO: Muchas veces veía la televisión con mi abuela.

1. A veces ____________.
2. Cada semana ____________.
3. Siempre ____________.
4. Nunca ____________.
5. Todos los días ____________.
6. En aquella época ____________.

Nombre: ______________________________ Fecha: ______________

Lección B

1 Encuentre ocho palabras referentes a las noticias.

T	O	R	M	E	N	T	A	K	L	V	T
P	M	L	O	R	T	Y	C	X	V	Í	Á
R	F	A	V	B	Í	O	U	Q	E	C	F
S	J	D	Á	C	P	L	S	G	F	T	R
Ó	Á	R	G	Á	M	N	A	C	Y	I	K
W	S	Ó	Q	R	T	Y	D	Ú	L	M	É
C	B	N	Y	C	B	M	O	K	L	A	G
I	N	O	C	E	N	T	E	O	K	N	D
C	N	Y	T	L	R	R	X	M	O	T	Z
D	J	K	L	Z	M	J	U	R	A	D	O
D	F	E	X	P	L	O	S	I	Ó	N	W

2 ¿Cuáles de las siguientes noticias han sucedido recientemente donde Ud. vive? Márquelas con una X. Luego, escriba tres oraciones para describir lo que sucedió en una de las noticias.

una bomba	_____	una protesta	_____
un juicio	_____	una celebración	_____
una tormenta	_____	un huracán	_____
un asalto	_____	un temblor	_____

____

____

____

____

____

Nombre: ______________________ Fecha: ____________

Repaso rápido: Contraste entre el pretérito y el imperfecto

The preterite and the imperfect tenses are both used to discuss the past. Here is a summary of the differences between the two tenses:

The preterite is used to talk about isolated past actions that took place at a specific point in time.

El año pasado visité España con mi familia.	Last year I visited Spain with my family.

The preterite often indicates an action that interrupted an ongoing situation in the past. Thus, it is common to use both the imperfect and the preterite tenses in a sentence.

Yo estudiaba cuando tú me llamaste.	I was studying when you called me.

Use the imperfect to talk about habitual past actions, moods and feelings, and background information.

Cuando estaba en la escuela primaria, me encantaba la clase de música.	When I was in grade school, I loved music class.

3 Complete las siguientes oraciones con el imperfecto o el pretérito del verbo entre paréntesis, según corresponda.

1. El verano pasado Luisa ______________ un coche usado. (comprar)
2. El coche ______________ grande y bonito.

   ______________ $5000. (ser, costar)
3. Para poder comprar el coche Luisa ______________ todos los días en una tienda. (trabajar)
4. Normalmente le ______________ el trabajo pero un día

   ______________ un problema porque ______________

   las llaves de la tienda. (gustar, tener, perder)
5. Después de buscar mucho, ella las ______________ en su casa. (encontrar)

Nombre: ______________________________ Fecha: ______________

4 Complete el siguiente párrafo con el pretérito o el imperfecto de los verbos entre paréntesis, según corresponda.

(1) ______________ (ser) las dos de la tarde en mi ciudad. (2) ______________ (ir) a mi casa cuando (3) ______________ (ver) a dos personas con un mapa. Ellos me (4) ______________ (decir) que (5) ______________ (querer) ir al museo de arte. Yo (6) ______________ (mirar) el mapa y les (7) ______________ (explicar) cómo llegar. Los turistas (8) ______________ (estar) contentos y me (9) ______________ (dar) las gracias. Entonces me (10) ______________ (despedir) para seguir a casa y comer.

5 Complete la siguiente noticia con el imperfecto o el pretérito del verbo entre paréntesis, según corresponda.

Periódico

Noticia

El sábado pasado en Madrid la policía (1) __________ (detener) a un hombre acusado de varios crímenes. El acusado (2) __________ (tomar) café y (3) __________ (leer) el periódico cuando un detective lo (4) __________ (ver) en un restaurante céntrico de la capital. Luego dos policías (5) __________ (llegar) y lo (6) __________ (arrestar) sin problemas. Los clientes del restaurante (7) __________ (estar) sorprendidos y preocupados, pero después de unos minutos ellos (8) __________ (volver) a sus conversaciones. Esta mañana el acusado (9) __________ (presentarse) en el tribunal donde (10) __________ (declararse) inocente. (11) __________ (estar) cansado y preocupado después de haber pasado varios días en la cárcel. El hombre también (12) __________ (saber) que el juicio iba a empezar la semana que viene.

Nombre: ______________________________ Fecha: ______________

Repaso rápido: Cambios de significado en el pretérito y el imperfecto

Several verbs change in meaning depending on whether they are used in the preterite or the imperfect tense.

	imperfecto	pretérito
conocer	La conocía. *I knew her.*	La conocí. *I met her.*
poder	Podía esquiar bien. *I was able to ski well.*	Pude esquiar un poco. *I managed to ski a little.*
querer	Quería ir. *I wanted to go.*	Quise llegar a tiempo. *I tried to arrive on time.*
no querer	No querían ir. *They didn't want to go.*	No quisieron ayudar. *They refused to help.*
saber	Ella sabía hablar Catalán. *She knew how to speak Catalan.*	Ella supo la noticia. *She found out the news.*

6 Complete las siguientes oraciones con el imperfecto o el pretérito del verbo entre paréntesis, según corresponda.

1. Mi padre ____________________ a mi madre hace veinte años. (conocer)
2. Mis padres ____________________ a muchas personas en Madrid y por eso iban a la capital con frecuencia. (conocer)
3. Alfredo no ____________________ ir al partido pero sus amigos lo convencieron. (querer)
4. Teresa era buena estudiante. Siempre ____________________ las respuestas. (saber)
5. Ayer Carlos ____________________ que su hermana se va a casar. (saber)
6. María no es buena atleta pero ayer ____________________ ganar la competencia. (poder)
7. Nosotros ____________________ ir al concierto pero decidimos quedarnos en casa. (poder)

Nombre: ______________________________ Fecha: ____________

7 Ponga las siguientes oraciones en el orden correcto para resumir los eventos de un accidente en la carretera.

1. ______	A. La periodista reportó que no hubo heridos graves.
2. ______	B. Había muy poca visibilidad.
3. ______	C. La señora se desmayó.
4. ______	D. Los paramédicos llegaron.
5. ______	E. Un coche chocó con una camioneta.
6. ______	F. Un señor rescató a su esposa.

8 Escriba oraciones lógicas, usando las palabras indicadas.

1. el paramédico / los primeros auxilios

   ____

2. la visibilidad / el accidente

   ____

3. el conductor / herido

   ____

4. el señor / desmayarse

   ____

5. ¡Socorro! / los heridos

   ____

Nombre: ______________________ Fecha: ______________

Repaso rápido: El pluscuamperfecto

The pluperfect (past perfect) consists of the imperfect form of the verb *haber* followed by a past participle.

había estudiado	habíamos estudiado
habías estudiado	habíais estudiado
había estudiado	habían estudiado

The past perfect is used to talk about the earlier of two past actions.

Ya había hecho planes cuando me invitaron a la fiesta.	I already had made plans when they invited me to the party.

9 Recientemente Ud. y otras personas hicieron las actividades indicadas. Escríbalas en el pluscuamperfecto para decir que ya las habían hecho antes.

MODELO: Fui a un concierto de mi grupo favorito.
Ya había ido a un concierto de mi grupo favorito.

1. Yo preparé una sorpresa para mi familia.

____

2. Mi amiga y sus padres viajaron a España.

____

3. Mi profesor(a) corrigió mi composición.

____

4. Los policías investigaron el crimen.

____

5. Mi hermana y yo fuimos testigos de un accidente.

____

6. Mi equipo favorito ganó el campeonato.

____

Nombre: ______________________________ Fecha: ______________

10 Termine las siguientes oraciones con la forma apropiada de los verbos entre paréntesis para decir lo que ya había pasado.

MODELO: Iba a hablar con mi amiga pero ella ya <u>había salido</u>. (salir)

1. Iba a comprar el regalo pero otra persona ya lo ______________________. (comprar)
2. Pensaba ir al cine pero la película ya ______________________. (empezar)
3. Yo quería visitar a mis abuelos pero ellos ya ______________________. (dormirse)
4. Esperaba verte pero tú ya ______________________ planes. (hacer)
5. Quería ayudarle con la composición pero Ud. ya la ______________________. (escribir)
6. Paco nos invitó al teatro pero nosotros ya ______________________ la obra. (ver)
7. Mi abuela iba a abrir la ventana pero mi mamá ya la ______________________. (abrir)
8. Evita pensaba preparar la mesa para comer pero Alejandro y Tomás ya la ______________________. (poner)
9. Queríamos ayudar a los vecinos después de la inundación pero otros voluntarios ya los ______________________. (rescatar)
10. Mi mejor amigo esperaba contestar la pregunta del profesor pero yo ya ______________________ la respuesta. (decir)

11 Escriba seis oraciones originales para decir cosas que Ud. y sus parientes ya habían hecho el año pasado.

MODELO: <u>Ya había estudiado español.</u>

1. ____
2. ____
3. ____
4. ____
5. ____
6. ____

Nombre: ______________________ Fecha: ______________

Repaso rápido: Los pronombres relativos

A relative pronoun serves to connect two parts of a sentence. In the following examples the word *que* (that, which, who, whom) serves to combine the two shorter sentences. Note that the pronoun *que* can refer back to both people and things.

Tengo un amigo español. Él vive en Valencia.	→	*Tengo un amigo español que vive en Valencia.*
Mi amigo tiene una casa. La casa está en la playa.	→	*Mi amigo tiene una casa que está en la playa.*

At times prepositions (*a, para, con,* etc.) are used in sentences with relative pronouns. In such cases, use the preposition with *que* to refer to things. Use the preposition with *quien* (who, whom, whoever, whomever) to refer to one person and *quienes* to refer to two or more people.

Visitamos el museo en (el) que tienen cuadros de Picasso.	We visited the museum where they have paintings by Picasso.
Rosa es la amiga con quien más hablo.	Rosa is the friend with whom I speak the most.
Ellos son los amigos con quienes fuimos al concierto.	They are the friends with whom we went to the concert.

The relative pronoun *que* can also be combined with the neuter article *lo*.

No estaba contento con lo que me dijeron.	I wasn't happy with what they told me.

The relative pronouns *cuyo/a/os/as* are the equivalent of the English word "whose" and agree in gender and number with the word that follows.

La profesora cuyas clases son tan populares se llama Martina.	The teacher whose classes are so popular is named Martina.
El estudiante cuyo examen es bueno estudió mucho.	The student whose exam is good studied a lot.

Nombre: ____ Fecha: ________________

12 Complete las siguientes oraciones con el pronombre relativo apropiado.

1. Los turistas ______________________ visitaron San Sebastián dicen que es muy bonita.
2. La guía, ______________________ nombre es Rosalba, hace un trabajo excelente.
3. Los jóvenes con ______________________ los turistas hablaron eran muy simpáticos.
4. La playa en ______________________ tomaron el sol es muy famosa.
5. El policía a ______________________ pidieron ayuda les dio mucha información.
6. Los estudiantes, ______________________ vacaciones terminaron ayer, volvieron a sus casas muy felices.

13 Escoja las palabras correctas para terminar la siguiente historia.

El verano pasado (1. conocí / conocía) a una mujer muy interesante en la casa de mis tíos (2. que / quienes) viven en Los Ángeles. Ella se (3. mudó / mudaba) a California en mayo, pero antes (4. ha / había) trabajado cinco años en Barcelona en un canal de televisión. Esta mujer de (5. quien / que) hablo se llamaba Isabel; (6. supo / sabía) mucho de la política y de las noticias internacionales. Es una persona con (7. que / quien) me encantaría hablar otra vez.

Nombre: ______________________ Fecha: ______________

Unidad 4

Lección A

1 Complete el siguiente crucigrama con palabras que aparecen en el *Vocabulario A1*.

Horizontales

2. La chica no se da __ de que su novio la quiere mucho.
5. El muchacho es muy __ por entregar la billetera.
6. Andrés es muy chismoso porque __ con todo el mundo.
7. La chica no __ en chicos que le hacen cumplidos.

Verticales

1. La chica no puede __ a María porque le contó un secreto y ella se lo contó a todos.
2. La chica es muy __. Tiene celos de Laura.
3. María es __ porque le gusta enterarse de todo.
4. Elena es considerada y por eso __ a Marcos.

Nombre: ______________________________ Fecha: ______________

2 Conteste las siguientes preguntas con oraciones completas.

1. ¿Con quién te gustaría reconciliarte?

____

2. ¿Qué haces para reconciliarte con alguien?

____

3. ¿Te gusta hacer cumplidos? ¿Por qué?

____

4. ¿A quién le cuentas tus secretos?

____

5. ¿Quién es tu profesor(a) más considerado/a?

____

6. ¿Qué tienes en común con tu mejor amigo/a?

____

7. ¿Quiénes te apoyan cuando tienes problemas?

____

8. ¿En quiénes puedes confiar cuando tienes secretos que contar?

____

3 Escriba oraciones completas para hablar de diferentes personas, usando los adjetivos indicados. Siga el modelo.

MODELO: increíble Mi profesora de historia es increíble porque sabe mucho.

1. chismoso/a ______________________________
2. honesto/a ______________________________
3. entrometido/a ______________________________
4. celoso/a ______________________________
5. considerado/a ______________________________

Nombre: ______________________________ Fecha: ______________

Repaso rápido: Los pronombres

Pronouns replace nouns to avoid repetition. For example, what pronoun replaces the word *película* below?

Jorge dice que la película es excelente. La quiero ver este fin de semana.

Pronouns refer to people or things. Direct object pronouns answer the questions "what" or "whom." The direct object pronouns are *me, te lo, la, nos, os, los* and *las.*

Conozco bien a Manuel. ***Lo*** *conocí en el colegio.*
Voy a comprar los libros. ***Los*** *quiero regalar a mis hermanos.*

Indirect object pronouns answer the question "to whom" or "for whom." They include *me, te, le, nos, os* and *les.*

Me *gustan los chocolates y a mi tía también* ***le*** *gustan. Creo que* ***le*** *voy a dar chocolates para su cumpleaños.*

4 Vuelva a escribir las siguientes oraciones, usando un pronombre.

MODELO: Teresa no cuenta los secretos.
Teresa no los cuenta.

1. Escribimos las composiciones.

____

2. Escucho a mi abuela.

____

3. Pienso comprar el regalo.

____

4. Conocí a Teresa y Javier en una fiesta.

____

5. Tengo que limpiar la casa.

____

Nombre: ______________________________ Fecha: ______________

Repaso rápido: Los complementos directos e indirectos en una misma oración

It is possible to have both an indirect object pronoun and a direct object pronoun in a sentence. In such cases the indirect object pronoun comes first.

Luisa te mandó un mensaje. → *Luisa* ***te lo*** *mandó.*

Note that the indirect object pronouns *le* and *les* must change to *se* when followed by *lo, la, los* or *las.*

Luisa también le mandó el mensaje a Diana. → *Luisa también* ***se lo*** *mandó.*

With *le, les* or *se* it is common to provide additional information (*a* + name) in order to identify specific individuals.

Le *voy a pedir ayuda* ***a Juan****. También* ***se la*** *pido* ***a mis hermanos****.*

Remember that object pronouns can precede conjugated verbs. They may attach to infinitives and present participles and they must attach to positive commands.

5 Vuelva a escribir las siguientes oraciones, usando dos pronombres.

MODELO: Le pido la cuenta al camarero.
Se la pido.

1. Les digo la verdad a mis amigos.

____

2. Le compramos el regalo a Luis.

____

3. Mis amigos me mandaron un mensaje.

____

4. Nuestros padres nos dan sus opiniones.

____

5. Siempre te presto dinero.

____

Nombre: ______________________________ Fecha: ______________

6 Conteste las siguientes preguntas con oraciones completas, usando dos pronombres.

1. ¿Quién te da regalos de cumpleaños?

   ____

2. ¿Quién les da a Uds. mucha tarea?

   ____

3. ¿A quién le mandas mensajes?

   ____

4. ¿A quién le entregan Uds. sus composiciones?

   ____

5. ¿Quién le da ayuda a Ud.?

   ____

7 Ponga las letras en el orden correcto para escribir bien las palabras.

1. rmtaidi ______________
2. reosndicfa ______________
3. pooepnsr ______________
4. labftaa ______________
5. roallr ______________
6. oarr ______________
7. grámilas ______________
8. leepa ______________
9. pluca ______________
10. scopmrnevoi ______________

Nombre: ______________________________ Fecha: ______________

8 Conteste las siguientes preguntas con oraciones completas.

1. ¿Eres una persona comprensiva? Explica.

____

____

2. ¿Por qué tipo de cosas pierdes la paciencia? Explica.

____

____

3. ¿Te ha dejado alguien plantado/a? ¿Cuándo? ¿Qué pasó?

____

____

4. ¿Por qué tipo de cosas lloras? ¿Cuándo lloraste la última vez?

____

____

5. ¿Te han acusado de tener la culpa de algo que no has hecho? ¿Cuándo? ¿Qué pasó?

____

____

6. ¿Devuelves las cosas que te prestan? ¿Tienes algo que te han prestado y no has devuelto?

____

____

7. ¿Qué tipos de errores cometes?

____

____

Nombre: ______________________ Fecha: ____________

Repaso rápido: El participio pasado y el pretérito perfecto

The present perfect tense is used to say what you have done or what has happened. It is formed by combining a conjugated form of the verb *haber* with the present participle in its masculine singular form.

he	hemos		viajado
has	habéis	+	conocido
ha	han		vivido

*Luis **ha vivido** en tres ciudades.*
***Hemos estudiado** mucho para el examen.*

Note that direct object, indirect object and reflexive pronouns are placed before the verb *haber*.

***Me** he levantado a las siete.*
*Nuestra abuela **nos** ha escrito una carta.*

9 Escriba oraciones completas con las pistas que se dan para decir lo que diferentes personas han hecho recientemente.

MODELO: Ana / jugar al tenis
Ana ha jugado al tenis.

1. Clara / nadar mucho
____
2. Ana y Alejandro / hacer la tarea
____
3. Pablo / almorzar con Ana
____
4. yo / ver una película
____
5. mis amigos y yo / ir en bicicleta
____
6. tú / escribir una composición
____

Nombre: ______________________ Fecha: ____________

Repaso rápido: La posición del adjetivo y su significado

Certain adjectives change in meaning depending on whether they precede or follow a noun. Note the following examples:

La ciudad es muy antigua. *Mi antiguo vecino nos visitó.*	The city is very old. My old neighbor visited us. (former)
El Patio es un restaurante diferente. *Hay diferentes restaurantes.*	El Patio is a different restaurant. There are various restaurants.
Susana es una buena doctora. *Susana es una doctora buena.*	Susana is a good doctor. (talented) Susana is a kind doctor.
California es un estado grande. *San Francisco es una gran ciudad.*	California is a large state. San Francisco is a great city.
La computadora es nueva. *Necesito una nueva impresora.*	The computer is new. (brand new) I need a new printer. (another one)
Viven en una ciudad pobre. *¡Pobre José! Tiene mala suerte.*	They live in a poor city. (in poverty) Poor José! He has bad luck. (unfortunate)
Compraron una casa vieja. *Son viejos amigos.*	They bought an old house. They are old friends. (longtime)
El tenis es el único deporte que juega. *Es una jugadora única.*	Tennis is the only game she plays. She is a unique player.

Nombre: ____ Fecha: _________________

10 Decida si el adjetivo entre paréntesis debe ir antes o después del nombre.

1. Mi abuelo tiene cien años. Es un ______________ hombre ______________. (viejo)
2. Me encanta la ciudad porque ofrece muchos deportes y eventos culturales. En mi opinión es una ______________ ciudad ______________. (gran)
3. Jairo y sus hermanos nunca tienen dinero. Creo que vienen de una ______________ familia ______________. (pobre)
4. Hoy el ______________ examen ______________ que tengo es biología. (único)
5. Esta olla está sucia. Necesito una ______________ olla ______________. (nueva)
6. En Perú hay ______________ ruinas ______________ de los incas. (antiguas)

11 Escriba un ejemplo por cada una de las siguientes descripciones, usando una oración completa. Siga el modelo.

MODELO: un estado grande
Texas es un estado grande.

1. un(a) gran atleta

   ____

2. un(a) buen(a) profesor(a)

   ____

3. una película única

   ____

4. un(a) artista diferente

   ____

5. un(a) viejo/a amigo/a

   ____

6. una ciudad antigua

   ____

Nombre: ______________________________ Fecha: ______________

Lección B

1 Conteste las siguientes preguntas con oraciones completas.

1. ¿Mantienes buenas relaciones con tu familia? Explica.

____

____

2. ¿A quién le haces caso en tu casa?

____

3. ¿Tienes la obligación de avisarle a alguien en tu casa cada vez que sales? ¿A quién?

____

4. ¿Cuándo fue la última vez que estabas equivocado/a? ¿Por qué estabas equivocado/a?

____

____

5. ¿Qué haces para hacer las paces cuando tienes un conflicto con alguien de tu familia?

____

6. ¿Crees que es bueno o malo criticar? Explica.

____

____

7. ¿Cómo reaccionas cuando alguien te critica? ¿Levantas la voz?

____

8. ¿En qué tipo de cosas tienes diferencia de opinión con tus padres? Explica.

____

____

Nombre: ______________________ Fecha: ______________

Repaso rápido: Los mandatos negativos informales

You can use negative informal *(tú)* commands to tell someone not to do something. Such commands usually are formed by removing the *-o* from the present tense *yo* form of a verb and adding the endings shown below.

cant**ar**	canto	No cant**es** con la radio.
com**er**	como	No com**as** muchos dulces.
discut**ir**	discuto	No discut**as** con tus padres.

As shown in the command *no pidas*, stem-changing verbs and verbs with irregular *yo* forms also show such changes in the negative command.

You should also note that certain verbs require spelling changes to preserve the consonant sound of the infinitive.

bus**car**	busco	No bus**ques** más.
comen**zar**	comienzo	No comien**ces** a trabajar.
esco**ger**	escojo	No esco**jas** ese libro.
lle**gar**	llego	No lle**gues** tarde.

2 Imagine que Ud. es un(a) hermano/a mayor muy estricto/a. ¿Qué mandatos negativos le da a su hermano de siete años? Siga el modelo.

MODELO: tocar mis cosas
No toques mis cosas.

1. jugar en la sala

____

2. llegar tarde a cenar

____

3. escribir en mis cuadernos

____

4. comer en la biblioteca

____

5. sacar fotos con mi celular

____

Nombre: ______________________________ Fecha: ______________

3 Imagine que Ud. y su hermana tienen ideas muy diferentes sobre los consejos que le dan a un amigo. Cambie los mandatos afirmativos de su hermana a mandatos negativos.

MODELO: Llama por teléfono.
No llames por teléfono.

1. Estudia el viernes por la noche.

____

2. Compra la ropa en aquella tienda.

____

3. Asiste al concierto el sábado.

____

4. Come en ese restaurante.

____

5. Pide ayuda a tu primo.

____

6. Juega al fútbol con ellos.

____

7. Busca un celular nuevo en Internet.

____

8. Sal con Eduardo el viernes.

____

9. Consulta un diccionario para aprender más español.

____

10. Empieza la tarea ahora.

____

Nombre: ______________________ Fecha: ______________

Repaso rápido: Los mandatos irregulares *(tú)*

Several verbs have irregular negative *tú* commands:

dar	→	**No** me **des** más información ahora. Dámela mañana.
estar	→	**No estés** nervioso. Estate tranquilo.
ir	→	**No vayas** al supermercado ahora. Compra todo mañana.
ser	→	**No seas** antipático. Es mejor tener buenas relaciones.

The examples with the verb *dar* show that object and reflexive pronouns are placed before negative commands and after affirmative commands. Here is an additional example:

No me lo digas.	Don't tell it to me.
Díselo a otra persona.	Tell it to another person.

4 Forme mandatos negativos informales para dar consejos a un amigo que va a aprender a manejar.

1. no manejar rápidamente

____

2. no ser agresivo

____

3. no estar nervioso

____

4. no ir solo

____

5. no tener prisa

____

Nombre: ______________________________ Fecha: ______________

Repaso rápido: Los usos de la preposición *a*

The preposition *a* has several different uses:

- to express motion or destination
  Ayer llegamos a San Juan. Hoy vamos a la playa.
- to express location or proximity in certain instances
  El supermercado está a una milla de aquí. Está a la izquierda del banco.
- to introduce a direct object when the direct object is a person
  No conozco Cuba pero conozco a tres chicas cubanas.
- to introduce rates and proportions
  El kilo de papas está a nueve pesos.
- to introduce an infinitive after certain verbs, including *aprender a, comenzar a, empezar a* and *venir a*
  Marta viene a visitarnos.
  En el norte empieza a hacer frío en noviembre.

5 Complete los siguientes diálogos con la preposición *a* sólo cuando sea necesario.

1. A: ¿Vas ____ la tienda esta tarde?
   B. Sí. Quiero ____ comprar un regalo y ver ____ mis amigos.
2. A: ¿ ____ cuánto están las naranjas hoy?
   B: La oferta es tres por un dólar. ¿Cuántas va ____ llevar?
3. A: ¿Te gustaría conocer ____ México?
   B: Sí. Conozco ____ varias personas en Guadalajara y espero visitar ____ Puerto Vallarta también.
4. A: ¿Dónde está el museo de arte?
   B: Está ____ cinco cuadras de aquí. Puede ____ ir en autobús o si prefiere caminar va ____ llegar en quince minutos.
5. A: ¿Cuándo aprendiste ____ tocar la guitarra?
   B: Empecé ____ tomar clases hace tres años. Me gustaría ___ ser músico profesional.

Nombre: ____ Fecha: ________________

6 Encuentre ocho palabras referentes al teléfono.

A	Q	S	E	R	H	N	Í	S	L	D	A	X	W	G
Z	X	C	V	B	B	N	M	L	J	H	C	G	F	D
O	M	I	U	Y	T	U	R	E	W	Q	Ó	A	S	S
B	A	T	E	R	Í	A	Z	P	A	S	D	D	F	O
X	R	C	V	B	N	M	L	Ó	K	J	I	H	G	N
Z	C	Q	W	É	R	T	Y	U	N	I	G	O	P	A
F	A	V	C	D	E	W	S	X	Z	D	O	A	Q	R
R	R	T	G	B	Y	H	N	M	U	J	O	M	I	K
Ó	L	P	Q	A	Z	W	S	E	X	E	D	R	C	R
R	F	V	D	T	G	B	Y	X	H	N	U	J	A	M
Í	K	N	O	L	P	Á	S	S	D	F	G	H	J	K
L	U	Q	W	E	R	T	Y	V	U	I	O	P	L	K
F	M	O	D	O	D	E	S	I	L	E	N	C	I	O
Z	P	O	I	Ú	Y	T	R	E	É	W	Q	Á	S	D
F	G	P	R	O	T	E	C	T	O	R	H	J	K	L

7 Escriba en los espacios las letras de las frases de la columna de la derecha que correspondan lógicamente con las palabras de la columna de la izquierda.

1. ______ la red social
2. ______ el teléfono fijo
3. ______ el buzón de voz
4. ______ colgar
5. ______ el teléfono celular
6. ______ la llamada de larga distancia
7. ______ el número equivocado

A. un teléfono que tiene cable *(cord)*
B. una acción al terminar una llamada
C. un teléfono que llevo conmigo
D. una página en la web para publicar noticias personales, fotos, etc.
E. cuando marco un número de otro país
F. un error telefónico
G. adonde se deja un mensaje

Nombre: ______________________________ Fecha: ______________

Repaso rápido: El imperfecto progresivo

The imperfect progressive tense is used to convey actions that lasted for an extended time in the past or that were going on at a given time. It is formed by combining the imperfect of the verb *estar* with the present participle of the verb.

estaba estabas	estudiando
estaba estábamos	aprendiendo
estabais estaban	escribiendo

Mi hermana estaba viviendo en Quito. My sister was living in Quito.
Estábamos visitando España. We were visiting Spain.

The imperfect progressive is frequently used in sentences in which a past event interrupts an ongoing action. Use the imperfect progressive to present the ongoing action.

Estaba trabajando cuando mis padres llamaron. I was working when my parents called.

Note that indirect or direct object pronouns or reflexive pronouns may be placed before the verb *estar* or be attached to the present participle. Remember that sometimes you will have to write written accent marks when attaching pronouns to present participles.

*Javier **nos** estaba llamando.* → *Javier estaba llamándo**nos**.*

Nombre: ______________________ Fecha: ____________

8 Paco llegó a su casa a las dos de la tarde ayer. Escriba frases originales para decir lo que diferentes personas estaban haciendo en ese momento.

1. yo / dejar un mensaje en un buzón de voz

____

2. nosotros / hacer la tarea

____

3. su madre / publicar fotos en su red social

____

4. su padre / cargar la batería de su celular

____

5. sus hermanos / correr en el parque

____

9 ¿Qué estaba haciendo Ud. la última vez que estuvo en los siguientes lugares? Escriba una acción lógica para cada lugar.

MODELO: la terraza
Estaba regando las plantas.

1. el cine

____

2. la biblioteca

____

3. mi restaurante favorito

____

4. el aeropuerto

____

5. la tienda de artículos electrónicos

____

Nombre: ______________________ Fecha: ____________

10 Piense en lo que las siguientes personas estaban haciendo ayer a las siete de la noche. Escriba seis oraciones originales.

MODELO: mi padre
Mi padre estaba sirviendo la cena.

1. mi mejor amigo/a

____

2. mi profesor(a) de español

____

3. mis tíos

____

4. yo

____

5. el presidente de Estados Unidos

____

6. tres compañeros de clase

____

11 En la primera línea escriba lo que las personas indicadas estaban haciendo ayer por la noche en vez de estudiar para un examen importante. Luego, en la segunda línea, como Ud. no está de acuerdo con lo que cada persona hace, escriba un mandato negativo informal.

MODELO: Luis / hablar horas y horas por teléfono
Luis estaba hablando horas y horas por teléfono.
Luis, no hables horas y horas por teléfono.

Catalina / escribir mensajes

1. ______________________
2. ______________________

Jorge / hacer llamadas de larga distancia a sus amigos

3. ______________________
4. ______________________

Inés / usar las redes sociales

5. ______________________
6. ______________________

Nombre: ______________________________ Fecha: ______________

Unidad 5

Lección A

1 Complete el siguiente crucigrama con palabras que aparecen en el *Vocabulario A1*.

Horizontales

3. un sinónimo de *manejar*
4. el __ se usa para ver los coches detrás de uno
6. ir más lentamente
7. tiene tres colores y controla el tráfico
8. ir más rápidamente

Verticales

1. un lugar para estacionar coches
2. un documento oficial para poder manejar
3. personas que conducen
5. se pisa con el pie para parar

Nombre: ______________________ Fecha: ____________

2 Conteste las siguientes preguntas con oraciones completas.

1. ¿Qué información se encuentra en una licencia de conducir?

____

2. ¿Quién de tu familia es un(a) conductor(a) bueno/a?

____

3. ¿Eres una persona con mucha o poca paciencia?

____

4. ¿Cuál es la velocidad máxima cerca de tu colegio?

____

5. ¿Cuál es la velocidad máxima en las carreteras de tu estado?

____

6. ¿Hay glorietas donde vives? ¿Dónde?

____

7. ¿Cuál es el nombre de una calle de una sola vía en tu ciudad?

____

8. ¿Es difícil o fácil encontrar espacios vacíos para estacionar en tu barrio?

____

3 Use palabras y expresiones del *Vocabulario A_1* para escribir lo opuesto.

1. rápido ______________________
2. manejar sin prestar atención ______________________
3. la calle de una sola vía ______________________
4. poder ir a la derecha o la izquierda ______________________
5. disminuir la velocidad ______________________
6. salir del estacionamiento y empezar a manejar ______________________

Nombre: ______________________________ Fecha: ______________

Repaso rápido: El mandato formal

You can use a formal command to tell a person you address as *Ud.* what to do. Form the positive and negative formal command by removing the final *-o* from the *yo* form of the present tense. Then add the letter *-e* for *-ar* verbs and the letter *-a* for *-er* and *-ir* verbs. Follow the same pattern for plural *Uds.* commands and then add *n* to the *Ud.* form.

No olvide llevar su licencia de conducir.
Conduzca con cuidado.
Tenga paciencia.

The following five verbs are examples of common irregular formal commands:

dar → dé
estar → esté
ir → vaya
saber → sepa
ser → sea

Note that object and reflexive pronouns precede negative formal commands and are attached to affirmative formal commands.

No me mire si está conduciendo.
Siéntese en el coche.

4 Escriba en los espacios la letra de los mandatos de la columna de la derecha que correspondan lógicamente con las situaciones de la columna de la izquierda.

1. ______ El coche no funciona bien.
2. ______ La velocidad máxima es 30 no 40.
3. ______ Allí hay un espacio vacío.
4. ______ El semáforo está en verde.
5. ______ Susana entra en el coche.
6. ______ Susana va a sacar el coche del garaje.

A. Acelere un poco.
B. Estacione allí.
C. Ponga marcha atrás.
D. Disminuya la velocidad.
E. Hable con un mecánico.
F. Abróchese el cinturón de seguridad.

Nombre: ______________________________ Fecha: ______________

5 Dos amigos suyos están aprendiendo a conducir. Escriba mandatos en la forma de *Uds.* para darles consejos lógicos.

1. tener paciencia

____

2. abrocharse el cinturón de seguridad

____

3. usar el espejo retrovisor

____

4. ser responsables

____

5. conducir con cuidado

____

6. mirar las señales

____

7. no acelerar mucho

____

8. parar en la señal de alto

____

9. disminuir la velocidad en la glorieta

____

10. ceder el paso a los peatones (*pedestrians*)

____

Nombre: ______________________ Fecha: ____________

Repaso rápido: El mandato con *nosotros*

Use the *nosotros* command to suggest that you and others do something together. The *nosotros* command is formed by adding *-mos* to the *Ud.* command form and is equivalent to *Vamos a...* (Let's ...).

Paremos en la gasolinera. Let's stop at the gas station.

Object and reflexive pronouns precede negative *nosotros* commands and attach to affirmative *nosotros* commands.

No lo compremos. Let's not buy it.
Comprémoslo. Let's buy it.

Reflexive verbs with the pronoun *nos* attached to the affirmative *nosotros* command drop the final consonant *s* before adding *nos.*

Preparémonos para la fiesta. Let's get ready for the party.

6 Ud. y su amigo quieren recibir mejores notas en el colegio. Escriba mandatos con *nosotros* para decir sus planes de estudio.

1. levantarse temprano

   ____

2. hacer la tarea

   ____

3. prepararse para los exámenes

   ____

4. no acostarse tarde

   ____

5. leer más

   ____

6. no ver la televisión

   ____

Nombre: ______________________________ Fecha: ____________

7 Imagine que Ud. y dos amigos suyos van a hacer un viaje en coche. Escriba cinco mandatos lógicos para decir lo que deben hacer antes del viaje, usando la forma de *nosotros*.

1. ______________________________
2. ______________________________
3. ______________________________
4. ______________________________
5. ______________________________

8 Encuentre diez palabras referentes a la ciudad.

A	Q	S	E	S	T	A	C	I	Ó	N	A	X	G	G
Z	X	C	V	B	J	N	A	L	J	H	H	A	F	D
A	F	U	E	R	A	S	R	E	W	Q	S	A	S	Z
P	W	E	R	T	Y	U	B	P	A	O	D	D	F	A
X	E	C	V	B	N	M	L	R	L	J	S	K	G	Q
C	J	A	W	É	R	T	Y	I	X	I	W	I	P	W
A	M	V	T	D	E	W	N	X	B	D	E	O	Q	S
L	I	T	G	Ó	Y	A	U	T	O	P	I	S	T	A
L	L	P	Q	A	N	W	S	G	C	E	D	C	C	R
E	F	V	E	T	G	B	Y	B	A	N	U	O	A	M
J	K	Z	O	L	P	Á	S	E	C	F	G	H	Ú	K
Ó	M	Q	W	E	R	T	Y	D	A	I	O	Q	L	K
N	J	A	T	A	S	C	O	Y	L	N	E	V	C	X
B	P	O	I	Ú	Y	T	R	W	L	T	Q	Á	S	D
F	G	P	A	R	Q	U	Í	M	E	T	R	O	K	L

Nombre: ______________________ Fecha: __________

Repaso rápido: *Pedir y preguntar*

The verbs *pedir* and *preguntar* both mean "to ask" but they have separate uses in Spanish and are not interchangeable. *Preguntar* means "to ask a question or to ask for information." *Pedir* means "to ask for something or request something." It also means "to order" in a restaurant.

Voy a preguntarle a él cuántos años tiene.	I am going to ask him how old he is.
Luis pidió ayuda a su maestra.	Luis asked his teacher for help.

9 Complete las siguientes oraciones con la forma correcta del presente de *pedir* o *preguntar*.

1. Los profesores ______________ si yo hago la tarea.
2. Javier ______________ un refresco en la cafetería.
3. Nosotros ______________ un mapa en el centro de información.
4. Pilar quiere saber todo. Siempre ______________ muchas cosas.
5. Yo me ______________ cuándo es el próximo examen.
6. Susana y Carolina ______________ que vayamos con ellas.

10 Complete las siguientes oraciones en forma lógica.

1. Yo pregunto ______________________________.
2. Le pido ______________________________.
3. Clara pregunta ______________________________.
4. Tú pides ______________________________.
5. Ellos preguntan ______________________________.
6. Nosotros pedimos ______________________________.

Nombre: ______________________________ Fecha: ____________

Repaso rápido: El subjuntivo de verbos regulares

You already have studied the subjunctive mood in Spanish. It is used, for example, in relation to emotion, doubt, influence and uncertainty. Most statements that use the subjunctive have the following pattern:

subject + verb + *que* + different subject + verb in the subjunctive mood

Yo espero que conduzcas con paciencia.	I hope you drive patiently.
Los profesores piden que estudiemos.	The teachers ask that we study.

The present subjunctive is formed like formal commands. That is, remove the *-o* from the *yo* form of the present indicative and then add *-e* endings to *-ar* verbs and *-a* endings to *-er* and *-ir* verbs.

hablar	**aprender**	**vivir**
hable	aprenda	viva
hables	aprendas	vivas
hable	aprenda	viva
hablemos	aprendamos	vivamos
habléis	aprendáis	viváis
hablen	aprendan	vivan

11 Forme oraciones completas con la información indicada.

MODELO: yo / esperar / tú / estudiar
Yo espero que tú estudies.

1. mi familia / querer / yo / llegar a tiempo

____

2. mis amigos / insistir en / Teresa / asistir al partido

____

3. tú / preferir / tus amigos / manejar

____

4. yo / recomendar / Uds. / ver la película

____

5. nosotros / sugerir / tú / practicar más

____

Nombre: ____________________ Fecha: ____________

Lección B

1 Complete el siguiente crucigrama con palabras referentes a los trenes.

Horizontales

4. una sección del tren
5. la persona que recoge los boletos en el tren
6. el coche __ es el lugar donde como en el tren

Verticales

1. el coche __ es el lugar donde duermo en el tren
2. cuando tengo que cambiar de un tren a otro
3. el lugar donde subo al tren
4. hombre que viaja en tren

2 Identifique la palabra que no pertenece al grupo.

1. tren local	montañas	tren rápido	estación del tren
2. río	andén	vagón	coche cama
3. inspector	viajera	tenista	inspectora
4. tren	autobús	avión	casa
5. coche comedor	biblioteca	coche cama	vagón
6. asiento	ventanilla	vagón	glorieta

Nombre: ______________________ Fecha: __________

Repaso rápido: Verbos irregulares en el subjuntivo

The following verbs have irregular forms in the present subjunctive.

dar	estar	haber	ir	saber	ser
dé	esté	haya	vaya	sepa	sea
des	estés	hayas	vayas	sepas	seas
dé	esté	haya	vaya	sepa	sea
demos	estemos	hayamos	vayamos	sepamos	seamos
deis	estéis	hayáis	vayáis	sepáis	seáis
den	estén	hayan	vayan	sepan	sean

3 Escriba las formas correctas del presente de subjuntivo de los siguientes verbos según el sujeto.

1. nosotros / ser ______
2. yo / estar ______
3. Uds. / ir ______
4. tú / saber ______
5. ella / haber ______
6. ellos / dar ______
7. yo / ir ______
8. nosotros / estar ______
9. tú / haber ______
10. Ud. / dar ______

4 Su amigo Santiago va a hacer un viaje en tren. Use la información indicada y el subjuntivo para darle consejos lógicos.

MODELO: es importante / ir en el tren rápido
Es importante que vayas en el tren rápido.

1. es bueno / comprar el boleto antes de llegar a la estación

______

2. es muy importante / estar en el andén correcto

______

3. es necesario / saber el horario del tren

______

4. es mejor / ser simpático con la inspectora

______

Nombre: ______________________________ Fecha: ______________

Repaso rápido: Más expresiones impersonales y el subjuntivo

The subjunctive is used after impersonal expressions that indicate opinions about events and actions, e.g., *es bueno que, es importante que, es malo que, es increíble que, es mejor que, es inútil que, es necesario que, es una lástima que.*

Es necesario que hagamos planes.	It's necessary that we make plans.
Es importante que veas la obra de teatro.	It's important that you see the play.

Note that the subjunctive is not used after impersonal expressions that convey certainty. Such expressions include *es verdad que, es cierto que* and *es evidente que.*

Es verdad que Jorge trabaja mucho.	It's true that Jorge works a lot.

However, the negative statements *no es verdad, no es cierto* and *no es evidente* require the subjunctive because they convey uncertainty.

No es cierto que Jaime se mude.	It's not certain that Jaime is moving.

5 Ud. tiene muchas opiniones. Use la información indicada para expresar sus ideas.

MODELO: es importante / Ud. descansar
Es importante que Ud. descanse.

1. es importante / Uds. ir

____

2. es mejor / Luz navegar por Internet ahora

____

3. es necesario / yo ver a mis amigos

____

4. es una lástima / nosotros no tener vacaciones

____

5. es increíble / Bárbara ser tan encantadora

____

Nombre: ________________________________ Fecha: ______________

6 Ud. no está de acuerdo con las siguientes oraciones. Cámbielas a oraciones negativas.

MODELO: Es verdad que Jorge es encantador.
No es verdad que Jorge sea encantador.

1. Es cierto que tenemos clase los sábados.

____

2. Es verdad que hay vacaciones en octubre.

____

3. Es evidente que mis amigos navegan por Internet.

____

4. Es verdad que patino bien.

____

5. Es cierto que mis primos me escriben cada día.

____

6. Es evidente que su equipo es el mejor.

____

7 Escriba seis oraciones para expresar sus opiniones, usando la información indicada.

1. Es increíble que ______________________________.
2. Es importante que ______________________________.
3. Es mejor que ______________________________.
4. Es malo que ______________________________.
5. Es bueno que ______________________________.
6. Es necesario que ______________________________.
7. Es una lástima que ______________________________.

Nombre: ______________________________ Fecha: ______________

Repaso rápido: Verbos con cambios de raíz en el subjuntivo

Remember that stem-changing verbs ending in *-ar* and *-er* have the same stem changes in the present subjunctive as they do in the present indicative. Note that stem changes occur in all forms of the subjunctive of *-ar* and *-er* verbs except *nosotros* and *vosotros*:

pensar: p**ie**nse/pensemos
volver: v**ue**lva/volvamos

In the case of *-ir* verbs, there is always a stem change:

pedir: p**i**da/p**i**damos
sentir: s**ie**nta/s**i**ntamos
dormir: d**ue**rma/d**u**rmamos

Note also that certain verbs will require spelling changes in the present subjunctive.

Es importante que ***busques*** *la información.*	It's important that you look for the information.
Quiero que ***empecemos*** *a tiempo.*	I want us to start on time.

8 Forme oraciones originales, combinando información de cada columna.

yo	esperar	que	yo	trabajar mucho
tú	querer		mi hermano/a	estudiar más
Ud.	pedir		mis amigos	ayudar en casa
mi amiga	recomendar		los profesores	hacer las tareas
nosotros				asistir a clase
mis padres				aprender mucho
Uds.				escribir mensajes de texto

1. ______________________________
2. ______________________________
3. ______________________________
4. ______________________________
5. ______________________________
6. ______________________________
7. ______________________________

Nombre: ______________________ Fecha: ____________

9 Complete el siguiente crucigrama con palabras referentes a un campamento.

Horizontales

4. se usa para alejar los insectos del cuerpo
7. lugar donde están las tiendas de acampar
8. se usan para prender una fogata
9. el __ de dormir
10. aparato que señala el norte

Verticales

1. la __ de acampar
2. se usa para mirar a lo lejos
3. es un tipo de insecto
5. aparato con baterías para dar luz
6. fuego que se hace en un campamento
7. se usa en la cabeza para protegerla

10 Ponga las letras en el orden correcto para escribir seis palabras referentes al campo.

1. bstouar ______________________
2. pcaom ______________________
3. uloebp ______________________
4. ronsede ______________________
5. allve ______________________
6. aorc ______________________

Nombre: ______________________________ Fecha: ____________

Repaso rápido: *Por y para*

You already have learned that *por* and *para* are equivalent to the English word "for" but are not interchangeable. Remember to use *para* to express:

- destination
  El avión sale para Los Ángeles.
- who or what something is for
  Este regalo es para Tomás.
  Este plato es para el pastel.
- deadlines
  La tarea es para el jueves.
- the purpose of an action
  Estudiamos mucho para aprender.

Use *por* to express the following notions:

- movement through space
  Vamos a pasear por el parque.
- duration of time
  Hablaron por veinte minutos.
- manner or means
  Ellos me informaron por teléfono.
- reason, cause or motive
  Recibió un premio por ser la mejor atleta.
- proportion, rate or exchange
  Pagaron mil dólares por el coche usado.

11 Complete las siguientes oraciones, usando *por* o *para*.

1. Clarita cumple cuatro años el viernes. Tengo un regalo __________ ella. Ayer lo compré __________ Internet.
2. Hemos comprado decoraciones __________ la fiesta. En total pagamos treinta dólares __________ todo.
3. Clara mandó invitaciones __________ e-mail __________ invitar a sus amigos.
4. En la fiesta los niños van a jugar __________ la casa y después habrá un pastel.
5. Todos cantaremos __________ felicitar a la niña.
6. Después de la fiesta vamos a trabajar __________ unas horas __________ arreglar la casa.
7. __________ la noche los abuelos tienen que salir __________ el aeropuerto __________ volver a Santiago.

Nombre: ______________________ Fecha: __________

Repaso rápido: Consejos y sugerencias

Three additional verbs that offer advice and are followed by the subjunctive are *recomendar*, *aconsejar* and *sugerir*.

Les recomiendo que viajen a Chile.	I recommend that you travel to Chile.
Te aconsejo que leas este libro.	I advise you to read this book.
Le sugiero que saque muchas fotos.	I suggest that you take a lot of pictures.

12 Imagine que Marta va de campamento y Ud. le da algunos consejos.

MODELO: aconsejar / llevar repelente de insectos
Te aconsejo que lleves repelente de insectos.

1. aconsejar que / acampar en el valle

____

2. sugerir que / tomar el sendero para llegar al valle

____

3. recomendar que / poner la fogata lejos de la tienda de acampar

____

4. aconsejar que / llevar unos binoculares y una brújula

____

5. sugerir que / escalar las rocas llevando un casco

____

6. recomendar que / ir al pueblo por agua y comida

____

7. aconsejar que / ponerse repelente de insectos

____

8. sugerir que / dar muchas caminatas por el valle

____

Nombre: ______________________________ Fecha: ______________

13 Imagine que Ud. ha recibido un e-mail de un amigo que le cuenta que va de campamento. Complete lo siguiente lógicamente para darle seis consejos antes de que él vaya a acampar.

MODELO: Te aconsejo que vayas a escalar las rocas.

1. Te aconsejo que ______________________________.
2. Te recomiendo que ______________________________.
3. Te sugiero que ______________________________.
4. Te aconsejo que ______________________________.
5. Te recomiendo que ______________________________.
6. Te sugiero que ______________________________.

14 Su amigo ha vuelto a casa después de acampar y desafortunadamente está enfermo (ha pescado un resfriado). Escriba cinco frases originales para darle consejos para sentirse mejor.

MODELO: Te recomiendo que vayas a la clínica.

1. ______________________________
2. ______________________________
3. ______________________________
4. ______________________________
5. ______________________________

Nombre: ______________________________ Fecha: ______________

Unidad 6

Lección A

1 Complete el siguiente crucigrama con palabras referentes a un viaje.

Horizontales

6. lo que debes hacer con una reserva antes de viajar
7. un __ es cuando uno se equivoca en entender algo

Verticales

1. sinónimo de *hacer una reserva*
2. viaje que se hace a diferentes lugares
3. precio rebajado de una tarifa
4. montaña de la que sale humo y fuego
5. se hace esto si no es posible hacer un viaje

Nombre: ________________________________ Fecha: ______________

2 Conteste cada pregunta con una frase completa.

1. ¿Has ido de excursión alguna vez? ¿Adónde?

____

2. ¿Qué países o que lugares te gustaría conocer?

____

3. ¿Has visitado alguna vez un volcán? ¿Te gustaría visitar uno? Explica.

____

4. ¿Qué información puedes obtener en Internet cuando piensas viajar?

____

5. ¿Buscas descuento cuando vas de viaje? ¿Dónde encuentras buenos descuentos?

____

6. ¿Has usado cajeros automáticos en algún viaje? ¿Por qué los usaste?

____

3 Escriba en los espacios las letras de las frases de la columna de la derecha que complementan lógicamente las frases de la izquierda.

1. ______ Debe pagar tan pronto...	A. no se puede cancelar el viaje.
2. ______ Necesito un descuento...	B. pueden leer este folleto.
3. ______ Con una tarifa baja...	C. a último momento.
4. ______ Si quieren más detalles...	D. están sujetos a cambios.
5. ______ Los horarios de excursión...	E. porque no tengo mucho dinero.
6. ______ No aceptamos cancelaciones...	F. como confirme la reserva.

Nombre: ______________________________ Fecha: ______________

4 Escriba oraciones originales con las palabras indicadas.

MODELO: usar / cajeros automáticos
En mi próximo viaje voy a usar cajeros automáticos.

1. cancelar / reserva

____

2. confirmar / pasajes de avión

____

3. pedir / detalles

____

4. descuento / excursión

____

5. planear / viaje

____

6. visitar / volcán

____

Nombre: ______________________________ Fecha: ______________

Repaso rápido: El subjuntivo en ciertas cláusulas adverbiales

The subjunctive is used after the following conjunctions when talking about events that have not yet happened.

tan pronto como	*as soon as*	después de que	*after*
en cuanto	*as soon as*	antes de que	*before*
hasta que	*until*	aunque	*even though, even if*

Luisa va a viajar aunque no tenga mucho dinero.	Luisa is going to travel even if she may not have a lot of money.

With the exception of *antes de que*, the subjunctive is not used after these conjunctions when referring to past events or habitual actions.

Siempre descansamos después de que volvemos de un viaje.	We always rest after we return from a trip.

Antes de que is always followed by the subjunctive no matter what the time reference is.

5 Complete las siguientes oraciones con la forma correcta del verbo entre paréntesis. Use el subjuntivo solo cuando sea necesario.

1. No vamos a comprar los pasajes hasta que ______________________ una buena tarifa. (tener)
2. Vamos a visitar Colombia después de que ______________________ Panamá. (ver)
3. Normalmente yo llevo una mochila cuando ______________________. (viajar)
4. Es importante que mis amigos obtengan un descuento antes de que

   ______________________ los pasajes. (comprar)
5. Siempre visito una agencia de viajes tan pronto como ______________________ hacer un viaje. (querer)
6. Vamos a visitar la selva tropical aunque ______________________. (llover)
7. Siempre esquiamos en enero aunque ______________________ mucho frío. (hacer)

Nombre: ______________________________ Fecha: ____________

6 Complete las siguientes oraciones con una expresión en el subjuntivo, para hablar sobre el viaje de un amigo.

1. Mi amigo va a visitar Panamá cuando ______________________________.
2. Tiene que ahorrar dinero antes de que ______________________________.
3. Él visitará la selva tropical después de que ______________________________.
4. Él verá la capital, Ciudad de Panamá, en cuanto ______________________________.
5. Yo hablaré con mi amigo sobre su viaje después de que ______________________________.

7 Encuentre ocho palabras referentes a viajar en avión y al tiempo.

T	T	A	R	J	E	T	A	S	U	R	T
U	V	M	O	G	A	P	M	Á	L	E	R
R	T	I	É	N	V	M	I	R	P	L	U
B	U	E	M	B	A	R	C	A	R	O	E
U	T	R	B	V	P	O	G	U	N	B	N
L	W	X	V	C	N	U	P	É	U	F	O
E	R	Ú	I	S	A	B	Y	T	B	L	K
N	N	P	O	C	D	F	G	U	E	A	Z
C	Í	R	E	I	O	P	Á	X	S	I	Ú
I	X	R	B	M	R	E	T	R	A	S	O
A	O	H	T	C	Ó	L	F	H	Y	F	W

8 Enumere las oraciones de 1 a 8, siguiendo un orden lógico, para resumir un viaje en avión.

_______ Paso por el control de seguridad.

_______ Llego a mi destino y recojo el equipaje.

_______ Llego al aeropuerto para empezar mi viaje.

_______ Hago fila para abordar el avión.

_______ Compro el boleto por Internet o en la agencia de viajes.

_______ Me relajo en el avión antes de despegar.

_______ Registro el equipaje y recibo la tarjeta de embarque.

_______ Noto un poco de turbulencia durante el vuelo.

Nombre: ______________________ Fecha: ____________

9 Conteste las siguientes preguntas con oraciones completas.

1. ¿Has viajado en avión?

____

2. ¿Te asustan las turbulencias? Explica.

____

____

3. ¿Te gusta hacer filas en los aeropuertos? Explica.

____

____

4. ¿Qué información hay en una tarjeta de embarque?

____

5. Según el reporte del tiempo, ¿qué tiempo va a hacer mañana en donde vives?

____

Nombre: ______________________________ Fecha: ______________

Repaso rápido: El futuro

To form the future tense, add the following endings to the infinitive form of a verb: *-é, -ás, -á, -emos, -éis, -án*. The endings are the same for *-ar, -er* and *-ir* verbs.

viajaré	viajaremos
viajarás	viajaréis
viajará	viajarán

En dos años viajaré a Chile. In two years I will travel to Chile.
Mi primo irá conmigo y nosotros visitaremos a nuestros amigos. My cousin will go with me and we will visit our friends.

Note that some verbs have an irregular stem in the future tense but use the same endings as regular verbs.

decir	dir-	querer	querr-
hacer	har-	salir	saldr-
haber	habr-	saber	sabr-
poder	podr-	tener	tendr-
poner	pondr-	venir	vendr-

El lunes habrá un concierto. On Monday there will be a concert.
En agosto yo saldré de viaje. In August I'll leave on a trip.

You also may use the future tense to express wonder or probability about the present.

¿Cuántos años tendrá? I wonder how old he is.
Serán las dos de la tarde. It's probably two in the afternoon.

10 Escriba en los espacios las letras de las frases de la columna de la derecha que correspondan lógicamente con las personas de la columna de la izquierda.

1. _____ yo
2. _____ el actor
3. _____ mis amigos y yo
4. _____ el presidente
5. _____ mis profesores

A. hablará de su nueva película
B. me graduaré del colegio
C. tendremos una fiesta
D. corregirán los exámenes
E. estudiará la economía

Nombre: ______________________________ Fecha: ______________

11 Ud. y sus amigos van a hacer un viaje. Explique lo que diferentes personas harán antes de que salgan.

MODELO: tú / comprar una maleta nueva
Tú comprarás una maleta nueva.

1. yo / hacer las reservas en Internet

____

2. nosotros / ahorrar dinero

____

3. mis amigos / leer sobre el país

____

4. Susana / tener ropa nueva

____

5. tú / hacer la maleta

____

6. nosotros / hablar con nuestras familias

____

7. Emilio / confirmar las reservas

____

8. nosotros / salir temprano para el aeropuerto

____

Nombre: ______________________________ Fecha: ______________

Repaso rápido: El subjuntivo en expresiones de duda y negación

The subjunctive is also used to convey doubt, uncertainty or denial. The following expressions convey such notions and therefore are followed by the subjunctive: *dudar que, no creer que, no pensar que, no estar seguro/a que, negar que.*

Dudo que Manuel esté en casa.	I doubt that Manuel is at home.
No creemos que sea posible ir mañana.	We don't think that it will be possible to go tomorrow.

The subjunctive also may follow certain expressions of uncertainty.

Tal vez salgamos mañana.	We might leave tomorrow.
Quizás llueva el sábado.	It might rain on Saturday.

12 Ud. piensa que las siguientes oraciones no son correctas. Escriba sus reacciones de duda según el modelo.

MODELO: El avión sale a tiempo.
Dudo que el avión salga a tiempo.

1. La tarifa es muy económica.

   Dudo que ______________________________

2. Rosa quiere viajar en coche.

   No creo que ______________________________

3. Hay pocas personas en los aeropuertos grandes.

   No pienso que ______________________________

4. El avión llega a las diez.

   Tal vez ______________________________

5. Los pilotos viajan poco.

   Dudo que ______________________________

6. El avión va a San José.

   No creo que ______________________________

Nombre: ______________________________ Fecha: ______________

Lección B

1 Ponga las letras en el orden correcto para escribir cinco palabras referentes a un alojamiento.

1. aneríadlav ______________________
2. tgisrore ______________________
3. vicriosse ______________________
4. nsrjeeco ______________________
5. ñbarea ______________________

2 Identifique la palabra que no pertenezca al grupo.

1. albergue	coche	hotel	parador
2. lavandería	piscina	conserje	cancha de tenis
3. niebla	firme	colchón	blando
4. sencilla	cama	albergue	doble
5. registro	hotel	habitación	sonrisa

3 Conteste las siguientes preguntas con oraciones completas.

1. En tu casa, ¿duermes en una cama doble o sencilla?

   ____

2. ¿Prefieres una almohada blanda o firme?

   ____

3. Cuando vas de vacaciones, ¿prefieres alojarte en un albergue o en un hotel? Explica.

   ____

4. ¿Qué características buscas en un albergue juvenil? ¿Y en un hotel?

   ____

Nombre: ______________________ Fecha: ____________

Repaso rápido: El condicional

The conditional tense is used to say what you would do or what would happen. Form the conditional by adding the following endings to an infinitive: *-ía, -ías, ía, -íamos, -íais, -ían*. Note that the endings are the same for *-ar*, *-er* and *-ir* verbs.

Yo iría a la capital.	I would go to the capital.
Tomás pagaría con tarjeta de crédito.	Tomás would pay with a credit card.
Nosotros volveríamos pronto.	We would return soon.

The verbs that have irregular stems in the future have the same irregular stems in the conditional.

decir	dir-	querer	querr-
hacer	har-	salir	saldr-
haber	habr-	saber	sabr-
poder	podr-	tener	tendr-
poner	pondr-	venir	vendr-

4 Explique lo que diferentes personas harían durante un viaje a Costa Rica.

1. las amigas / quedarse en un albergue juvenil

____

2. nosotros / visitar la capital

____

3. Pedro y David / viajar en autobús

____

4. Marcos / sacar fotos

____

5. yo / ir al volcán Arenal

____

Nombre: ______________________________ Fecha: ______________

5 Forme oraciones lógicas con información de cada columna, usando el condicional.

yo	ir	en efectivo
tú	pagar	a las montañas de San José
el conserje	dar	en aquel restaurante
Ud.	volver	al museo
los turistas	comer	una fiesta de bienvenida
mis amigos y yo		

1. ______________________________
2. ______________________________
3. ______________________________
4. ______________________________
5. ______________________________
6. ______________________________

6 Complete las oraciones con la forma correcta del condicional según lo que Ud. haría en las siguientes situaciones.

MODELO: Ud. necesita cambiar un cheque de viajero. (llamar a casa / ir al banco)
Iría al banco.

1. Ud. tiene hambre. (entrar en el restaurante / dormir en el hotel)

   ____

2. Ud. no encuentra su pasaporte. (ver la televisión / mirar en la maleta)

   ____

3. Ud. tiene poco dinero. (ir a un albergue juvenil / quedarse en un hotel de lujo)

   ____

4. Ud. necesita hablar con su familia. (llamar por teléfono / escribir una carta)

   ____

5. Ud. empieza un nuevo trabajo. (descansar / llegar a tiempo)

   ____

Nombre: ______________________________ Fecha: ______________

Repaso rápido: Otros usos del condicional

The conditional also can be used to soften a request in an interrogative sentence. This is the equivalent of "would," "could" or "should" in English. Use either the conditional of the verb or the conditional of the verb *poder* followed by an infinitive.

¿Me traería la cuenta? *¿Podría traerme la cuenta?*	Could you bring me the check?

A third use of the conditional is to express wonder or probability in relation to the past.

¿Qué hora sería cuando llegaron?	I wonder what time it was when they arrived.
Serían las once.	It was probably eleven.

7 Cambie las siguientes oraciones a la forma condicional con el verbo *poder* para que sean más formales.

MODELO: Llame a la recepción.
¿Podría llamar a la recepción, por favor?

1. Déme la cuenta.

____

2. Limpie la habitación.

____

3. Prepare la comida.

____

4. Páseme el agua.

____

5. Sírvame el postre.

____

Nombre: ______________________________ Fecha: ______________

8 Encuentre ocho palabras referentes a una excursión.

A	Q	O	E	R	H	N	Í	S	L	D	A	X	W	G
M	A	R	I	P	O	S	A	L	J	H	C	G	F	D
O	M	Q	U	Y	T	P	R	E	W	Q	S	A	S	W
B	A	U	Z	T	C	V	B	N	A	S	D	D	F	S
X	B	Í	V	B	U	M	L	X	K	Q	I	H	G	X
Z	G	D	W	É	R	C	Y	U	A	U	V	O	P	B
F	T	E	C	D	E	W	Á	X	Z	E	O	A	A	D
R	Y	A	G	B	Y	H	V	N	U	T	M	L	I	K
Ó	L	P	Q	M	Z	R	S	G	X	Z	S	R	C	R
R	F	V	E	T	A	B	Y	B	H	A	U	J	U	M
Í	K	G	O	U	P	Á	S	N	D	L	G	H	J	K
L	E	Q	G	E	R	T	Y	H	U	I	O	P	L	K
L	J	A	G	C	A	B	A	L	G	A	R	V	C	X
Z	J	O	I	Ú	Y	T	R	E	É	W	Q	Á	S	D
F	G	P	E	R	E	Z	O	S	O	N	H	J	K	L

Repaso rápido: El subjuntivo con verbos que expresan emoción

The subjunctive is used after verbs and expressions of emotion followed by the conjunction *que*.

Me encanta que viajemos. I am delighted that we travel.

When the subject is the same for both verbs, an infinitive is used instead of *que* and the subjunctive.

Me interesa visitar Panamá. I am interested in visiting Panama.

As shown in the preceding examples, many verbs of emotion follow the pattern of the verb *gustar*. They include *agradar, alegrar, complacer, disgustar, encantar, enojar, fascinar, fastidiar, importar, interesar, molestar, preocupar* and *sorprender*. Examples of verbs that express emotion but do not follow the pattern of *gustar* include *sentir, temer* and *tener miedo de*.

Siento que no puedas ir con nosotros. I am sorry that you can't go with us.

9 Explique las emociones de diferentes personas durante un viaje a Costa Rica.

MODELO: encantar / los estudiantes / vivir con familias
A Alicia le encanta que los estudiantes vivan con familias.

1. la profesora / fascinar / los estudiantes / hablar español

   ____

2. los estudiantes / importar / el grupo / ver las tortugas verdes

   ____

3. Pedro / molestar / hacer calor

   ____

4. las familias / importar / los estudiantes / aprender mucho

   ____

5. yo / interesar / el grupo / ir a la playa

   ____

Nombre: ______________________________ Fecha: ______________

10 Imagine que Ud. y sus amigos tienen muchas cosas en común. Siga el modelo para expresar cinco emociones.

MODELO: Me gusta recibir buenas notas.
Me gusta que recibamos buenas notas.

1. Me importa viajar el próximo verano.

   ____

2. Me interesa conocer Costa Rica.

   ____

3. Me encanta ir en avión.

   ____

4. Temo no tener suficiente dinero.

   ____

11 Complete cada oración con el subjuntivo y una emoción que Ud. tiene con respecto a otras personas.

1. Tengo miedo de que ______________________________.
2. Me molesta que ______________________________.
3. Me preocupa que ______________________________.
4. Me encanta que ______________________________.

12 Repase la información que Ud. tiene sobre otros países y, luego, escriba cinco impresiones personales.

1. Me encanta que ______________________________.
2. Me fascina que ______________________________.
3. Me importa que ______________________________.
4. Me sorprende que ______________________________.
5. Me interesa que ______________________________.

Nombre: ______________________________ Fecha: ______________

Unidad 7

Lección A

1 Encuentre ocho palabras referentes a verduras, legumbres o condimentos.

E	S	P	I	N	A	C	A	S	L	F	A	X	W	G
A	S	W	F	G	H	J	K	L	J	R	C	G	F	D
O	M	L	U	Y	A	P	R	E	W	I	S	A	S	W
B	A	E	Z	T	C	R	B	N	A	J	D	D	F	S
X	B	N	V	B	B	M	B	X	K	O	I	H	G	X
Z	G	T	W	É	R	C	Y	A	A	L	V	O	P	F
F	T	E	C	D	E	L	C	X	N	B	O	A	B	O
R	Y	J	G	B	I	H	W	G	P	Z	S	Q	V	R
Ó	L	A	Q	J	Z	C	H	O	C	L	O	R	C	É
R	F	V	E	T	K	B	Y	B	H	X	U	J	U	G
Í	K	R	O	U	P	Á	S	N	D	Z	G	H	J	A
L	E	R	E	P	O	L	L	O	U	I	O	P	L	N
P	J	A	G	L	K	J	H	G	F	D	S	A	C	O
Z	J	O	I	Ú	Y	T	R	E	É	W	Q	Á	S	D
F	Z	X	C	V	B	N	M	H	G	F	D	S	A	Q

Nombre: ______________________________ Fecha: ______________

2 Ponga las palabras siguientes en las categorías apropiadas.

el cilantro
el repollo
las cerezas el perejil
la espinaca
los garbanzos
los damascos
el orégano
los frijoles
las lentejas
el ají
el choclo

Verduras	Frutas	Legumbres	Condimentos

3 Conteste las siguientes preguntas con oraciones completas.

1. ¿Prefieres las espinacas o el repollo?

____

2. ¿Prefieres las cerezas o los damascos?

____

3. ¿Prefieres los frijoles, las lentejas o los garbanzos? Explica.

____

4. ¿Dónde se compran legumbres en tu ciudad?

____

5. ¿Quién compra la comida para tu familia?

____

6. ¿Qué comida compran en tu casa?

____

Nombre: ______________________ Fecha: ______________

Repaso rápido: El comparativo

Persons and things can be compared by using *más* or *menos* with an adjective or adverb followed by *que*.

La coliflor cuesta más que las espinacas.	The cauliflower costs more than the spinach.
Marcos cocina menos frecuentemente que Rosa.	Marcos cooks less frequently than Rosa.

Several adjectives have irregular comparative forms:

bueno	→	mejor	joven	→	menor
malo	→	peor	viejo	→	mayor

Este restaurante es mejor que aquel.	This restaurant is better than that one.
Alejandro es menor que Ana.	Alejandro is younger than Ana.

Note that the comparative forms of the adverbs *bien* and *mal* are *mejor* and *peor.*

4 Escriba oraciones completas para comparar las siguientes personas y cosas.

MODELO: Clara / Ana (más vieja)
Clara es mayor que Ana.

1. el novio / la novia (más joven)

____

2. el supermercado / el mercado (más caro)

____

3. las verduras / los postres (menos dulces)

____

4. el restaurante / la cafetería (más bueno)

____

5. las cerezas / los damascos (más ricas)

____

Nombre: ______________________________ Fecha: ______________

5 Escriba oraciones lógicas para comparar lo siguiente.

MODELO: la carne / la fruta
La carne es más cara que la fruta.

1. los garbanzos / las lentejas

____

2. las espinacas / el repollo

____

3. la comida en mi casa / la comida en mi colegio

____

4. las frutas / las legumbres

____

5. las ensaladas / los postres

____

6 Escriba oraciones completas para comparar su ciudad o lugar donde vive con la ciudad de La Paz, Bolivia. Antes de empezar debe buscar información sobre La Paz para poder hacer comparaciones lógicas.

MODELO: La Paz es más grande que mi ciudad.

1. ______________________________
2. ______________________________
3. ______________________________
4. ______________________________
5. ______________________________

Nombre: ______________________________ Fecha: ______________

Repaso rápido: El comparativo de igualdad

Use the pattern *tan* + adjective/adverb + *como* to express that two or more persons or things are equal in terms of characteristics or qualities.

El mercado es tan popular. como el supermercado	The market is as popular as the supermarket.

Use *tanto... como* to express equality of amount. Note that the form of *tanto (tanta, tantos, tantas)* agrees with the object that follows.

Juan come tanta ensalada como Susana.	Juan eats as much salad as Susana.

The expression *tanto como* is used to express equality of actions using verbs.

Cocino tanto como mi padre.	I cook as much as my father does.

7 Cambie las siguientes oraciones a comparaciones de igualdad.

MODELO: El restaurante es más formal que la cafetería.
El restaurante es tan formal como la cafetería.

1. El tren es más rápido que el autobús.

____

2. El avión es menos popular que el coche.

____

3. Los profesores tienen más trabajo que los estudiantes.

____

4. David come menos fruta que su hermana.

____

5. Yo cocino más que mi hermano.

____

6. Nosotros trabajamos menos que Uds.

____

Nombre: ______________________ Fecha: ______________

Repaso rápido: El superlativo

Use the superlative to single out an item or an individual in relation to others.

el/la/los/las + más/menos + *adjective/adverb* + de

Este restaurante es el más popular de la ciudad porque tiene la mejor comida.	This restaurant is the most popular in the city because it has the best food.

As shown in the sentences below, it is possible to eliminate the noun and the word *de*.

Estas son las frutas más populares del mercado.	These are the most popular fruits in the market.
Estas son las más populares.	These are the most popular.

Note also that you can enhance a description by placing the word *tan* before adjectives and adverbs.

Mí tía cocina tan bien.	My aunt cooks so well.

The suffix *-ísimo(a)* after an adjective is used to say that something is extraordinarily good (or extraordinarily bad, etc.).

La comida está buenísima.	The food is extraordinarily good.

As shown in the example above, the last vowel is dropped from adjectives ending in a vowel before the suffix is added. In the case of adjectives ending in *-ble*, the ending changes to *-bil*.

El cocinero es amable. → *El cocinero es amabilísimo.*

Note the following spelling changes:

ie	→	e:	caliente, calentísimo
z	→	c:	feliz, felicísimo
c	→	qui:	rico, riquísimo
g	→	gu:	larga, larguísima

Nombre: ______________________________ Fecha: ______________

8 Escriba oraciones originales para hablar de su colegio, su ciudad o estado.

MODELO: el edificio más alto
El edificio más alto es el banco.

1. la tienda más popular

____

2. el mejor restaurante

____

3. las clases más interesantes

____

4. la clase más difícil

____

5. el deporte más popular

____

9 Escriba nuevamente las oraciones indicadas, usando el superlativo *-ísimo.*

MODELO: Luisa es muy alta.
Luisa es altísima.

1. Diego es muy cómico.

____

2. Ángel y Gustavo son muy simpáticos.

____

3. El viaje es muy largo.

____

4. La sandía está muy rica.

____

5. Es muy fácil cocinar este plato.

____

6. Todos están muy felices con la comida.

____

Nombre: ______________________________ Fecha: ______________

10 Complete el siguiente crucigrama con palabras del *Vocabulario A2*.

Horizontales

3. cortar algo en pedazos muy pequeños
4. recipiente que se usa para asar
7. lo que se hace con una batidora
8. polvo blanco que se usa para hacer pan
9. lo que se usa para batir

Verticales

1. lo que haces cuando pones una comida en el horno
2. parte amarilla del huevo
3. porción de algo
5. recipiente que se usa para freír
6. sinónimo de *mezclar*

11 Conteste las siguientes preguntas con oraciones completas.

1. ¿Te gusta la comida picante? Explica.

____

2. ¿Has hecho alguna vez alguna comida que tengas que hornear? ¿Que horneaste?

____

3. ¿Tienes una asadora en casa? ¿Qué te gusta asar?

____

4. ¿Cuál es tu receta favorita? ¿Cómo es la receta?

____

____

____

____

Nombre: ______________________________ Fecha: ______________

Repaso rápido: La voz pasiva

In the passive voice the subject receives rather than performs an action. The doer is often named after the word *por*.

La cena será preparada por Elena.	The dinner will be prepared by Elena.

As shown in the preceding example, the passive voice consists of a form of the verb *ser* and the past participle of a verb. The past participle agrees in gender and number with the subject.

Las recetas son creadas por los cocineros.	The recipes are created by the chefs.

The passive voice is sometimes conveyed with the third person plural of a verb or with a *se* construction.

Anunciarán los premios hoy.	The prizes will be announced today.
Se publicó el artículo el domingo pasado.	The article was published last Sunday.

12 Cambie las siguientes oraciones a la voz pasiva.

MODELO: María explicó el problema.
El problema fue explicado por María.

1. Eliana consiguió la receta.

   ____

2. Juan Martín cortó el pollo.

   ____

3. Juan Francisco preparó la crema.

   ____

4. Alejandro compró los ingredientes.

   ____

5. Conchita le quitó la yema al huevo.

   ____

Nombre: ____ Fecha: ________________

Repaso rápido: *Estar* y el participio pasado

The verb *estar* is used with a past participle to describe a condition that resulted from a previous action. The past participle acts as an adjective and must agree in gender and number with the noun it modifies.

La puerta está cerrada. The door is closed.
La mesa está puesta. The table is set.

13 Todos hicieron algo para la fiesta. Describa el estado en que todo quedó después de que todos terminaron lo que estaban haciendo.

MODELO: Francisco decoró la sala.
La sala está decorada.

1. Luis hizo los postres.

____

2. Carmen preparó la carne.

____

3. Nosotros abrimos las ventanas.

____

4. Cristina compró los regalos.

____

5. Yo organicé la música.

____

6. Mi hermana puso la mesa.

____

Nombre: ______________________ Fecha: ____________

Repaso rápido: Más usos de se

The word *se* has many uses in Spanish.

- as reflexive pronoun — *Luisa se despierta a las seis.* (Luisa wakes up at six.)
- as an indirect object pronoun — *Ayer se lo expliqué a Juan.* (Yesterday I explained it to Juan.)
- as a reciprocal pronoun — *Carlos y Pilar se quieren mucho.* (Carlos and Pilar love each other a lot.)
- in the passive voice or to mean "you," "one" or "they" — *Se bebe café con el desayuno.* (They drink coffee with breakfast.)

You can also use *se* to explain accidental occurrences:

La ventana se rompió. The window got broken.

To explain who was involved in an accidental occurrence, add an indirect object pronoun.

Se me olvidó ir a la reunión. I forgot to go to the meeting.

14 Use el pronombre *se* para explicar cómo se hace una ensalada mixta.

MODELO: lavar la lechuga
Se lava la lechuga.

1. cortar la lechuga

____

2. añadir el tomate

____

3. picar la cebolla

____

4. preparar el aderezo

____

5. poner el aderezo a la ensalada

____

Nombre: ______________________________ Fecha: ______________

15 Explique las situaciones indicadas según el modelo.

MODELO: la pierna / romperse (Diego)
Se le rompió la pierna.

1. la fiesta / olvidarse (yo)

____

2. la receta / perderse (nosotros)

____

3. la ensalada / caerse (tú)

____

4. la carne / quemarse (Julia)

____

5. los ingredientes / olvidarse (Gloria y Ana)

____

6. el vaso / caerse (Ud.)

____

7. las llaves / perderse (tú)

____

8. los huevos / romperse (Uds.)

____

Nombre: ______________________________ Fecha: ______________

Lección B

1 Escriba en los espacios las letras de las frases de la columna de la derecha que correspondan lógicamente con las palabras de la columna de la izquierda.

1. ______ anfitrión	A. las personas que van a una fiesta
2. ______ interrumpir	B. aparato por donde sale el sonido
3. ______ disc jockey	C. persona que hace una fiesta
4. ______ parlante	D. formas de comportarse de una persona
5. ______ invitados	E. la persona que pone la música en una fiesta
6. ______ modales	F. cortar la conversación entre dos personas

2 Decida si las siguientes acciones son ejemplos de buenos o malos modales.

	buenos	**malos**
1. aceptar una invitación y luego no ir a la fiesta	______	______
2. darse la mano al saludarse	______	______
3. limpiarse la boca con una servilleta	______	______
4. hablar mientras se mastica	______	______
5. hablar con la boca llena	______	______
6. taparse la boca cuando se bosteza	______	______

Nombre: ______________________________ Fecha: ______________

3 Conteste las siguientes preguntas con oraciones completas.

1. ¿Qué tipo de música te gusta bailar?

   ____

2. ¿Te gusta hacer de disc jokey?

   ____

3. ¿Piensas que tienes buenos o malos modales para comer?

   ____

4. ¿Te gusta escuchar la música con el volumen bien alto? Explica.

   ____

5. ¿Te has quejado alguna vez por el ruido de tus vecinos? Explica.

   ____

4 Imagine que Ud. va a tener una fiesta. Haga una lista de seis preparativos que tiene que hacer.

MODELO: Tengo que mandar las invitaciones.

1. ______________________________
2. ______________________________
3. ______________________________
4. ______________________________
5. ______________________________
6. ______________________________

Nombre: ______________________ Fecha: ______________

Repaso rápido: El imperfecto del subjuntivo

You already have learned to use the present tense of the subjunctive. To form the past tense of the subjunctive, remove the *-on* ending from the *ellos* form of the preterite tense and add the following endings: *-a, -as, -a, -amos, -ais, -an.*

ir			
yo	fuer**a**	nosotros	fué**ramos**
tú	fuer**as**	vosotros	fuer**ais**
Ud./él/ella	fuer**a**	Uds./ellos/ellas	fuer**an**

When the first verb in such sentences is in the preterite, imperfect or conditional, use the past subjunctive for the second verb.

Es importante que vayamos. It is important that we go.
Era importante que fuéramos. It was important that we went.

Recomiendo que visites Perú. I recommend that you visit Peru.
Recomendé que visitaras Perú. I recommended that you visit Peru.

5 Cambie las siguientes oraciones al pasado. Use el pretérito para el primer verbo y el imperfecto del subjuntivo para el segundo.

1. María dice que traigas la música.

 ____

2. Recomiendo que Uds. preparen las invitaciones.

 ____

3. Ana insiste en que hagamos una fiesta formal.

 ____

4. Alicia pide que sus amigos decoren la casa.

 ____

5. Ana y Alicia dicen que todos tengan buenos modales.

 ____

Nombre: ______________________ Fecha: __________

6 Imagine que Ud. es estudiante de la profesora Ramos. Forme seis oraciones para resumir los consejos que ella dio la semana pasada.

MODELO: recomendar / nosotros estudiar más
Ella recomendó que estudiáramos más.

1. recomendar / yo asistir a clase

____

2. pedir / nosotros hacer la tarea

____

3. decir / David y Teresa leer el libro

____

4. insistir / Javier llegar a tiempo

____

5. pedir / nosotros escribir una composición

____

6. sugerir / yo estudiar cada noche

____

7 Piense en sus años de primaria para escribir cinco oraciones sobre los buenos modales y las reglas del colegio. Use el imperfecto del subjuntivo en cada oración.

MODELO: Era importante que yo escuchara a los profesores.

1. Era importante que ______________________
2. Era necesario que ______________________
3. Los profesores insistían en que ______________________
4. Los profesores pedían que ______________________
5. Mi familia quería que ______________________

Nombre: ____ Fecha: ________________

8 Ponga las letras en el orden correcto para escribir seis palabras referentes a la comida.

1. adoarmin ____
2. diseof ____
3. llpaairr ____
4. tboalle ____
5. rdecoro ____
6. lleeonr ____

9 Escriba en los espacios las letras de las frases de la columna de la derecha que correspondan lógicamente con las palabras de la columna de la izquierda.

1. ______ ceviche	A.	comida que no está cocinada
2. ______ salmón	B.	una persona vegetariana no comería esto
3. ______ cruda	C.	se fríen en aceite antes de servir
4. ______ bistec	D.	es una comida típica de Perú
5. ______ papas fritas	E.	cuando una comida tiene mucha sal
6. ______ salada	F.	es un tipo de pescado

10 Conteste las siguientes preguntas con oraciones completas.

1. ¿Te gusta la carne a la parrilla?

   ____

2. ¿Prefieres lo salado o lo dulce?

   ____

3. ¿Has comido ceviche?

   ____

4. ¿Qué platos hispanos te gustan?

   ____

5. ¿Te gusta la comida picante?

   ____

6. ¿Prefieres comer carne o pavo? Explica.

   ____

Nombre: ________________________________ Fecha: ________________

Repaso rápido: El subjuntivo después de pronombres relativos

The relative pronouns *que* and *quien* refer to and help describe previously mentioned nouns. As shown in the following examples, sometimes they are preceded by a preposition.

Manuel es el amigo con quien trabajamos.	Manuel is the friend with whom we work.
Su familia tiene un restaurante que sirve comida peruana.	His family has a restaurant that serves Peruvian food.

Use the subjunctive after these relative pronouns when referring to people, places and things that may not exist or do not exist. Use the indicative to describe people, places or things that do exist.

Busco un restaurante que sirva ceviche.	I am looking for a restaurant that serves ceviche.
Manuel trabaja en un restaurante que sirve ceviche.	Manuel works in a restaurant that serves ceviche.
Necesitamos encontrar un coche que no cueste mucho dinero.	We need to find a car that doesn't cost a lot of money.
Paco compró un coche usado que funciona bien.	Paco bought a used car that works well.
Tengo dos amigos que viven en Perú.	I have two friends who live in Peru.
No conozco a nadie que viva en Lima.	I don't know anyone who lives in Lima.

11 Complete cada oración con el presente del indicativo o subjuntivo.

1. No hay nadie en mi clase que ______________________ francés. (estudiar)
2. Busco una tienda que ______________________ comida típica. (vender)
3. Conozco a tres personas que ______________________ a visitar Perú. (ir)
4. Luisa es la amiga con quien yo ______________________. (viajar)
5. ¿Hay alguien aquí que ______________________ Perú? (conocer)
6. Tengo un amigo que ______________________ platos hispanos. (cocinar)

Nombre: ______________________ Fecha: ______________

Repaso rápido: La nominalización y el pronombre relativo *que*

Once an object has been identified, it is often not necessary to repeat it to be understood. You may use an article followed by an adjective or adjective phrase instead of the object. This is termed nominalization. Note in the following examples that the article has the same gender and number as the noun being replaced.

Me gusta más el restaurante peruano que el mexicano.	I like the Peruvian restaurant more than the Mexican one.
Los pasteles de esta tienda son mejores que los de aquella tienda.	The cakes at this store are better than those at that store.
Los platos salados son más populares que los dulces.	The salty dishes are more popular than the sweet ones.

You already have learned to use nominalization with *lo* and *lo que* to express an abstract idea.

Lo bueno de este restaurante es la música.	The good thing about this restaurant is the music.

You also can refer to specific things in relative clauses by using *el que, la que, los que* and *las que*.

Voy a comprar el que está en oferta.	I am going to buy the one that is on sale.
Pablo quiere los que son picantes.	Pablo wants the ones that are spicy.

When nominalization refers to an object that has not been determined, the subjunctive is used. Compare the following sentences.

Compra el que quieres.	Buy the one you want. (I already know what you want.)
Compra el que quieras.	Buy the one you want. (I don't know what you want.)

Nombre: ______________________________ Fecha: ______________

12 Escriba las siguientes oraciones de nuevo, usando la nominalización.

MODELO: Como la salsa salada y la salsa picante.
Como la salsa salada y la picante.

1. Me gustan los restaurantes españoles y los restaurantes peruanos.

____

2. Quiero el plato de ceviche y el plato de carne.

____

3. Me gusta la ensalada mixta y la ensalada de frutas.

____

4. Compramos comida en las tiendas grandes y en las tiendas pequeñas.

____

5. A mi padre le gustan las sopas calientes y las sopas frías.

____

13 Complete las oraciones de una manera lógica, usando la nominalización.

MODELO: Me gustan mucho las ensaladas.
Por ejemplo, me gustan las que mi madre prepara en casa.

1. Me gustan los restaurantes. Por ejemplo, me gustan

____

2. Me gustan las sopas. Por ejemplo, me gustan

____

3. Me encanta comer postre. Por ejemplo, me encanta

____

4. Tomo diferentes jugos. Por ejemplo, me gustan

____

5. Voy de compras en diferentes tiendas. Por ejemplo, me gustan

____

Nombre: ______________________ Fecha: __________

Unidad 8

Lección A

1 Complete el siguiente crucigrama con palabras referentes a la salud.

Horizontales

4. cuando un hueso está roto
5. la silla de __ se usa cuando no se puede caminar
7. se usan para apoyarse
8. se pone en una herida para evitar una infección

Verticales

1. es un tipo de foto para examinar el cuerpo
2. lo que los médicos hacen con los pacientes
3. los ponen cuando tienes una herida muy profunda
6. se pone esto cuando el tobillo está roto

Nombre: ______________________ Fecha: ______________

2 Escriba oraciones lógicas, usando las palabras indicadas.

1. resbalarse / darse un golpe en la cabeza

   ____

2. quebrarse / tobillo

   ____

3. torcerse / muñeca

   ____

4. fracturarse / yeso

   ____

5. quitarse / venda

   ____

6. tropezarse / silla

   ____

3 Conteste las siguientes preguntas con oraciones completas.

1. ¿Has tenido alguna fractura? ¿Qué te quebraste?

   ____

2. ¿Sufriste mucho la última vez que estabas enfermo? Explica.

   ____

3. ¿Has tenido que ir a una sala de emergencias? ¿Cuándo? ¿Por qué?

   ____

4. ¿Qué cosas harías para curarte de un accidente?

   ____

5. ¿Te pones una curita cuando te haces una herida? ¿Qué haces?

   ____

Nombre: ______________________________ Fecha: ______________

Repaso rápido: El verbo *doler*

The verb *doler* (to hurt, to ache) is conjugated like the verb *gustar* in that it is used with an indirect object pronoun. In the present indicative tense use *duele* with a singular noun and *duelen* with a plural noun. Remember also that when speaking of parts of the body, definite articles are used instead of possessive adjectives.

¿Te duelen las manos?	Do your hands hurt?
Me duele la cabeza.	My head aches.

You can also express that a certain part of the body aches by using the expression *tener* + *dolor de* + body part.

Tengo dolor de estómago.	I have a stomachache.

4 Escriba oraciones completas para decir lo que le duele a diferentes personas después de un día de mucha actividad.

MODELO: nosotros / pies
A nosotros nos duelen los pies.

1. tú / el brazo

   ____

2. yo / la espalda

   ____

3. Inés / los dedos

   ____

4. mis hermanos / las manos

   ____

5. Ud. / el estómago

   ____

6. nosotros / los hombros

   ____

Nombre: ______________________ Fecha: ____________

Repaso rápido: Usos de *haber*

The present perfect refers to recent past actions and often indicates frequency.

Hemos estado en la clínica.	We have been at the clinic.

The past perfect reports an event that already had happened in the past.

Paco me dijo que había estado en el hospital.	Paco told me (that) he had been in the hospital.

The future perfect conveys an event that will have been completed prior to another future event.

Cuando cumpla dieciocho años ya me habré graduado del colegio.	When I turn eighteen I will have graduated from high school.

The conditional perfect refers to an event that would have happened or a situation that would have been if something else had occurred.

La doctora dijo que habría tomado una radiografía.	The doctor said she would have taken an X-ray.

5 Varias cosas ya habían ocurrido antes de que Ricardo escribiera un e-mail a su amigo José. Escriba oraciones completas, usando las pistas que se dan. Siga el modelo.

MODELO: los hermanos / ver una película
Los hermanos habían visto una película.

1. Albertico / subirse a un árbol
____
2. Ricardo / caerse de un árbol
____
3. el doctor Ramírez / ayudar a Ricardo
____
4. los médicos / ponerle un yeso a Ricardo
____
5. Ricardo / caminar con muletas
____
6. los amigos / hacerle compañía a Ricardo
____

Nombre: ______________________________ Fecha: ______________

6 Dentro de tres meses muchas cosas habrán pasado en la vida de Jorge. Escriba cinco oraciones en el futuro perfecto, usando las pistas que se dan. Siga el modelo.

MODELO: los médicos / quitarle el yeso a Jorge
Los médicos le habrán quitado el yeso a Jorge.

1. Jorge / dejar de usar muletas

   ____

2. Juan / visitar a Jorge

   ____

3. Jorge / curarse

   ____

4. los amigos / pasarlo bien en Los Ángeles

   ____

5. Albertico / no subirse más a un árbol

   ____

7 Piense en seis actividades que Ud. y sus parientes han hecho recientemente. Luego, escriba seis oraciones originales.

MODELO: Mi hermano ha visitado Guatemala.

1. ______________________________
2. ______________________________
3. ______________________________
4. ______________________________
5. ______________________________
6. ______________________________

Nombre: ______________________________ Fecha: ______________

8 Escriba en los espacios las letras de las frases de la columna de la derecha que correspondan con las palabras de la columna de la izquierda.

1. ______ infección
2. ______ erupción
3. ______ pulmones
4. ______ aspirina
5. ______ gotas
6. ______ inyecciones

A. se necesitan para respirar
B. se toma para el dolor de cabeza
C. a nadie le gustan pero son necesarias
D. se toma antibiótico cuando se tiene esto
E. es tipo de enfermedad en la piel
F. son cantidades pequeñas de un líquido

9 Ponga las letras en el orden correcto para escribir cinco palabras referentes a un hospital.

1. ióninacflam ______________________
2. íaluponm ______________________
3. stllaipa ______________________
4. beraja ______________________
5. tiócosibanti ______________________

10 Conteste las siguientes preguntas con oraciones completas.

1. ¿Cuándo fue la última vez que tuviste una enfermedad?

____

2. ¿Qué medicina tomaste para curarte?

____

3. Si te duele la cabeza, ¿tomas alguna medicina?

____

4. ¿Tienes alguna alergia? ¿De qué tienes alergia?

____

Repaso rápido: Expresiones con *hace/hacía...que*

Use the following patterns to find out or say how long something has been going on:

¿Cuánto tiempo hace + que + *present*?
hace + *period of time* + que + *present*

¿Cuánto tiempo hace que se encuentra mal?	For how long has he felt bad?
Hace tres días que tiene la gripe.	He has had the flu for three days.

Use the following patterns to find out or say how long ago something happened:

¿Cuánto tiempo hace + que + *preterite*?
hace + *period of time* + que + *preterite*

¿Cuánto tiempo hace que salió del hospital?	How long ago did she leave the hospital?
Hace una semana que volvió a casa.	She returned home a week ago.

To tell how long something had been going on in the past, use:

hacía + *period of time* + que + *imperfect tense*

Hacía una hora que esperaba al médico.	She had been waiting an hour for the doctor.

Note that *hace* or *hacía* can be combined with *desde* for emphasis.

Está en el hospital desde hace dos semanas.	He has been in the hospital for two weeks.
Estaba enfermo desde hacía tres semanas.	He had been ill for three weeks.

Nombre: ______________________________ Fecha: ______________

11 Escriba oraciones con las pistas que se dan para decir hace cuánto tiempo ocurre lo indicado. Siga el modelo.

MODELO: dos días / el paciente / estar en el hospital
Hace dos días que el paciente está en el hospital.

1. una semana / el paciente / tomar antibióticos

____

2. tres meses / Clara / trabajar en el hospital

____

3. ocho horas / los médicos / estar en la clínica

____

4. dos semanas / Ricardo / tener un yeso

____

5. tres días / Juanito / respirar mal

____

12 Escriba oraciones con las pistas que se dan para decir hace cuánto tiempo ocurrieron las cosas indicadas. Siga el modelo.

MODELO: dos semanas / Ricardo / caerse del árbol
Hace dos semanas que Ricardo se cayó del árbol.

1. una semana / el paciente / resbalarse

____

2. tres meses / Clara / empezar a trabajar en el hospital

____

3. un año / los médicos / terminar los estudios

____

4. tres semanas / yo / tener una pulmonía

____

5. cinco días / Juanito / enfermarse

____

Nombre: ______________________________________ Fecha: ______________

Lección B

1 Encuentre seis palabras referentes a estar en forma.

E	S	T	I	R	A	R	S	E	Y	U	M
S	F	D	N	V	Ú	A	S	D	F	G	N
C	W	E	R	T	Y	U	E	B	F	G	B
X	A	U	R	G	E	H	V	B	N	Ó	V
Q	F	L	T	V	S	S	I	K	L	P	C
W	U	C	A	F	D	R	T	I	O	F	X
D	E	G	T	M	F	U	A	R	W	S	Z
V	R	S	D	Ó	B	L	R	Í	É	T	Z
A	Z	E	R	U	H	R	R	V	M	S	A
É	A	J	F	N	J	K	E	F	O	R	S
Q	W	E	E	N	E	R	G	Í	A	N	D

2 Ponga las siguientes actividades en orden de importancia personal.

______ mantenerse en forma

______ hacer ejercicio

______ bajar de peso

______ estirarse

______ comer bien

______ levantar pesas

______ dormir lo suficiente

______ divertirse con amigos

______ pasar tiempo con familia

Nombre: ______________________________ Fecha: ______________

3 Conteste las siguientes preguntas con oraciones completas.

1. ¿Qué tipo de ejercicio haces tú?

____

2. ¿Qué haces para evitar el estrés?

____

3. ¿Qué haces para mantenerte en forma?

____

4. ¿Te estiras antes de hacer ejercicio?

____

5. ¿Qué piensas de hacer yoga? ¿Crees que es una buena manera de mantenerse en forma?

____

6. ¿Crees que es importante levantar pesas? ¿Por qué (no)?

____

7. ¿Prefieres hacer ejercicio en un gimnasio o al aire libre?

____

4 Dele cinco consejos a un amigo para que se mantenga en forma.

MODELO: Te recomiendo que vayas al gimnasio y hagas cinta.

1. ______________________________
2. ______________________________
3. ______________________________
4. ______________________________
5. ______________________________

Nombre: ______________________________ Fecha: ______________

Repaso rápido: El imperfecto del subjuntivo con *si*

Use the imperfect subjunctive after *si* for hypothetical situations and to express a desire for things to be other than they are. Then use the conditional tense in the accompanying clause. Note that the *si* clause may be first or last in the sentence.

Si te alimentaras bien, bajarías de peso. *Bajarías de peso si te alimentaras bien.*	If you ate well, you would lose weight.

5 Escoja la letra de la frase que complete en forma adecuada cada situación.

1. Si quisiera comer bien,...
   A. ...comería muchos dulces.
   B. ...comería muchas frutas y verduras.
   C. ...tomaría muchos refrescos.

2. Si quisiera evitar el estrés,...
   A. ...haría más ejercicio.
   B. ...trabajaría más.
   C. ...dormiría muy poco.

3. Si quisiera bajar de peso,...
   A. ...comería más grasa.
   B. ...haría ejercicio.
   C. ...caminaría menos.

4. Si quisiera ser más fuerte,...
   A. ...comería golosinas.
   B. ...levantaría pesas.
   C. ...echaría de menos la comida.

5. Si quisiera hacer ejercicio,...
   A. ...haría abdominales.
   B. ...evitaría el estrés.
   C. ...iría a la biblioteca.

Nombre: ______________________________ Fecha: ______________

6 Complete las siguientes oraciones con el imperfecto de subjuntivo y el condicional de los verbos entre paréntesis.

1. Si tú ______________________ más, ______________________ mejores notas. (estudiar, recibir)
2. Si yo ______________________ dinero,

   ______________________ un viaje. (ahorrar, hacer)
3. Si nosotros ______________________ en la playa,

   ______________________ mucho. (estar, nadar)
4. Si Teresa ______________________ más,

   ______________________ de peso. (caminar, bajar)
5. Si Ud. ______________________ menos grasas,

   ______________________ mejor. (comer, sentirse)
6. Si yo ______________________ tú, ______________________ bien. (ser, comer)

7 Termine cada oración de una manera lógica.

1. Si yo quisiera bajar de peso, ______________________
2. Si yo hiciera natación, ______________________
3. Si yo sufriera de mucho estrés, ______________________
4. Si yo hiciera más flexiones, ______________________
5. Si yo comiera menos dulces, ______________________
6. Si yo durmiera más, ______________________
7. Si yo me relajara más, ______________________
8. Si yo pasara más tiempo con mi familia, ______________________
9. Si yo hiciera más tarea, ______________________
10. Si yo me mantuviera en forma, ______________________

Nombre: ______________________________ Fecha: ______________

8 Encuentre seis palabras referentes a una dieta saludable.

C	A	R	B	O	H	I	D	R	A	T	O
Z	F	R	T	E	V	N	M	L	O	I	P
Q	G	I	C	B	V	I	O	P	S	R	F
A	N	Z	B	N	G	T	Y	U	O	D	G
I	U	N	V	R	J	K	I	T	V	R	R
E	T	I	P	R	A	G	E	T	B	B	A
Q	R	I	C	N	V	Í	Y	P	N	D	S
D	I	C	N	M	N	P	O	F	M	B	A
W	C	Ó	P	A	B	N	V	H	F	L	O
Z	I	P	V	I	T	A	M	I	N	A	B
P	Ó	U	Y	T	R	E	W	Q	I	O	Z
D	N	P	O	I	T	F	B	N	J	K	I

9 Conteste las siguientes preguntas con oraciones completas.

1. ¿Piensas que tienes una alimentación saludable y nutritiva? Explica.

____

2. ¿Tienes una dieta equilibrada? ¿Cómo es tu dieta?

____

3. ¿Qué alimento te gustaría incluir en una dieta?

____

4. ¿Te gusta la comida chatarra? ¿Cuántas veces a la semana comes comida chatarra?

____

5. ¿Crees que las hamburguesas son comida chatarra? ¿Por qué?

____

Nombre: ______________________________ Fecha: ______________

Repaso rápido: Preposiciones y pronombres

Prepositions often are followed by a pronoun. Such pronouns include *mí, ti, Ud./sí mismo/a, él/sí mismo, ella/sí misma, nosotros, nosotras, vosotros, vosotras, Uds./sí mismos/as, ellos/sí mismos* and *ellas/sí mismas*. Note that the prepositions *entre* and *según* are followed by *yo* and *tú* instead of *mí* and *ti*.

Esta vacuna es para Ud.	This vaccination is for you.
El paciente piensa en ellos y en sí mismo.	The patient thinks about them and about himself.
Según tú, la enfermedad no es seria.	According to you, the illness is not serious.

The preposition *con* becomes *conmigo, contigo* or *consigo* when combined with *mí, ti* or *sí*.

Voy al consultorio contigo.	I'll go with you to the doctor's office.
La doctora lleva el botiquín consigo.	The doctor takes the first aid kit with her.

10 Escoja la expresión correcta para terminar cada oración.

1. No hay secretos entre tú y (yo / mí).
2. La doctora quiere hablar (con Ud. / para ti).
3. Los pacientes la esperan (a ella / hacia nosotros).
4. La enfermera lleva el historial médico (conmigo / consigo).
5. Según (ella / ti), van a ponerle dos vacunas.
6. Esta aspirina es para (Ud. / yo).

Nombre: ______________________________ Fecha: ______________

Repaso rápido: Preposiciones seguidas del infinitivo

In Spanish, prepositions such as *para, por, de, a, hasta, sin* and *tras* are often followed by an infinitive to express an action.

Debes hablar con el médico antes de viajar.	You should talk with the doctor before traveling.
Esta medicina es para bajar la fiebre.	This medicine is to lower the fever.

The word *al* ("at," "while," "when") also can be used with an infinitive.

La doctora estaba preocupada al ver el historial médico.	The doctor was concerned when she saw the medical history form.
Luis se hizo daño al jugar al fútbol.	Luis got hurt while playing soccer.

Note that certain adjectives, adverbs and verbs are often followed by a preposition and then an infinitive.

aburrido/a de	cansado/a de	harto/a de	quedar... por
antes de	después de	listo/a para	seguir hasta

11 Complete las siguientes oraciones con las preposiciones apropiadas.

1. El paciente necesita tomar el antibiótico __________ curarse.
2. Susana se puso muy contenta después __________ salir del hospital.
3. La doctora va __________ examinar a seis pacientes esta tarde.
4. Marcos está harto __________ estar en el hospital.
5. Los médicos van a seguir __________ descubrir el problema.
6. No vaya Ud. de viaje __________ recibir las vacunas.

Nombre: ______________________________ Fecha: ______________

12 Termine cada oración de una manera lógica.

MODELO: En estos días estoy cansado de trabajar tantas horas.

1. En estos días estoy aburrido/a de ______________________________.
2. En estos días estoy harto/a de ______________________________.
3. En estos días estoy cansado/a de ______________________________.
4. En estos días estoy listo/a para ______________________________.
5. En estos días voy a ______________________________.
6. En estos días no voy a ______________________________.

13 Escriba seis consejos para un(a) amigo/a que empieza una dieta saludable, usando las pistas que se dan.

MODELO: comer alimentos nutritivos
Recomiendo que comas alimentos nutritivos.

1. dormir mucho

   ____

2. comer mucha espinaca

   ____

3. volver a hacer ejercicio

   ____

4. no saltarse una comida

   ____

5. dejar los carbohidratos

   ____

6. alimentarse bien todos los días

   ____

Nombre: ______________________________ Fecha: ______________

Unidad 9

Lección A

1 Encuentre ocho palabras que puedes escuchar en un salón de belleza.

A	Q	J	R	R	H	N	Í	S	L	D	G	X	W	G
R	A	Y	A	T	Y	U	I	L	J	H	C	E	F	D
O	M	K	P	Y	T	P	R	E	W	Q	S	A	L	W
B	A	Y	A	W	C	V	B	N	A	S	Q	D	F	S
X	B	T	R	B	D	M	L	X	K	C	A	H	G	X
Z	G	R	S	É	F	L	E	Q	U	I	L	L	O	Z
F	T	E	E	D	E	W	H	X	Z	F	I	A	H	D
R	I	W	G	B	Y	H	V	J	U	G	S	R	I	K
O	N	D	U	L	A	D	O	G	X	H	A	R	C	R
R	T	V	E	T	D	B	Y	B	H	J	R	J	U	M
Í	U	G	O	C	G	Á	S	N	D	K	S	H	J	K
L	R	Q	H	E	A	T	Y	H	U	I	E	P	L	K
L	A	S	D	F	G	P	J	K	L	E	R	T	C	X
Z	J	O	I	Ú	Y	T	A	E	É	W	Q	Á	S	D
F	G	D	F	G	H	J	K	S	O	N	H	J	K	L

Nombre: ______________________ Fecha: ____________

2 Ponga las letras en el orden correcto para escribir seis palabras referentes al pelo.

1. ednoiam ______________
2. pdeioan ______________
3. codogrei ______________
4. elotsu ______________
5. teroc ______________
6. olca ______________
7. dudolano ______________
8. qlueflilo ______________
9. anpmterene ______________
10. bledere ______________

3 Conteste las siguientes preguntas con oraciones completas.

1. ¿Cómo tienes el pelo?

____

2. ¿Cómo lleva el pelo tu mejor amiga?

____

3. ¿Cómo se llama tu peluquero/a?

____

4. ¿A qué salón de belleza sueles ir?

____

5. ¿Qué productos para el pelo usas?

____

6. ¿Prefieres el pelo largo o corto? ¿Por qué?

____

Nombre: ______________________ Fecha: __________

Repaso rápido: Pretérito perfecto del subjuntivo

Remember that the present perfect subjunctive is used to refer to an action that may have occurred before the action of the main verb and is formed with a present subjunctive form of *haber* and the past participle.

¡No puedo creer que ***te hayas rapado****!* — I can't believe that **you have shaved your hair**!

4 Escriba oraciones completas, usando el pretérito perfecto del subjuntivo y las pistas que se dan para decir cosas que Ud. no cree que hayan pasado.

MODELO: Alicia / ponerse acondicionador
No creo que Alicia se haya puesto acondicionador.

1. Clara / alisarse el pelo

____

2. Pedro y Jairo / teñirse el pelo de rojo

____

3. Gabriel / raparse

____

4. tú / dejarte flequillos

____

5. nosotros / peinarse esta mañana

____

6. Ud. / ir al salón de belleza

____

Nombre: ______________________________ Fecha: ______________

Repaso rápido: El pluscuamperfecto del subjuntivo

The pluperfect subjunctive consists of the imperfect subjunctive form of *haber* and the past participle of a verb.

hubiera hubieras hubiera hubiéramos hubiérais hubieran	+	*past participle*

As shown in the following examples, the pluperfect subjunctive is used in contrary-to-fact statements in the past in combination with the conditional perfect.

Si Jorge hubiera ido al salón de belleza, habría estado más guapo para la fiesta.	If Jorge had gone to the beauty salon, he would have been more handsome for the party.
Si Teresa no hubiera hablado con Carmen, habría llamado a otra amiga.	If Teresa hadn't talked with Carmen, she would have called another friend.

The pluperfect subjunctive also is used when the verb in the main clause is in the past but the action in the other clause had (or had not) already happened.

Dudaba que Sandra hubiera salido tan pronto.	I doubted that Sandra had left so soon.
Esperábamos que Pilar no se hubiera cambiado el peinado.	We hoped that Pilar hadn't changed her hairstyle.

Note that the pluperfect subjunctive can be used as well when the main clause verb is in the conditional tense.

Sería mejor que te hubieran cortado el pelo más corto.	It would be better if they had cut your hair shorter.
Preferiría que hubieras cambiado el peinado.	I would prefer that you had changed your hairdo.

Nombre: ______________________ Fecha: ______________

5 Escriba oraciones completas para explicar qué habría pasado en otras circunstancias.

MODELO: María / tener tiempo / ir al salón de belleza
Si María hubiera tenido tiempo, habría ido al salón de belleza.

1. Teresa y Carmen / tener que estudiar / no hablar por teléfono

____

____

2. Carmen / ir al salón de belleza / tener otro peinado

____

3. el peluquero / trabajar los sábados / tener más clientes

____

____

4. mi amiga / tener un corte moderno / estar muy contenta

____

____

5. Tomás / no tener clientes famosos / no cortarle el pelo a Teresa

____

____

6 A veces nos arrepentimos de no haber hecho ciertas cosas. Siga el modelo para expresar cinco ideas personales.

MODELO: Estaría más contento/a si me hubiera teñido el pelo.

1. ______________________
2. ______________________
3. ______________________
4. ______________________
5. ______________________

Nombre: ______________________________ Fecha: ______________

Repaso rápido: *Cualquiera*

The word *cualquiera* means "any" or "anyone" in English and can be used as an adjective or pronoun. It ends in *-a* but is both masculine and feminine.

Cómprame un cuaderno cualquiera.	Buy me any notebook.
Pásame una silla cualquiera.	Pass me any chair.
Cualquiera puede trabajar allí.	Anyone can work there.

When *cualquiera* refers to a person and is placed after a noun, it has a negative connotation.

Es un hombre cualquiera.	He is not a very distinguished man.

Note that before a noun the final *-a* of *cualquiera* is removed:

Cualquier estudiante puede participar.	Any student can participate.

Cualquier día means "someday" or "any day." *En cualquier momento* may mean "whenever," "any time now" or "one of these days."

Cualquier día me corto el pelo.	Someday I'll get a haircut.
Hablaré con Carmen en cualquier momento que ella esté en casa.	I'll talk with Carmen whenever she is at home.

7 Complete las siguientes oraciones con *cualquier* o *cualquiera* según sea apropiado.

1. ______________________ día Carmen irá al salón de belleza.
2. Ella usa ______________________ gel.
3. Juan no es un peluquero ______________________.
4. ______________________ pagaría mucho por ese peinado.
5. Teresa va a llegar en ______________________ momento.
6. En el salón de belleza leo una revista ______________________.

Nombre: ______________________________ Fecha: ______________

8 Piense en sus amigos y en su colegio para escribir ocho oraciones originales con la palabra *cualquiera*.

MODELO: Cualquier día mi profesor va a anunciar un examen.

1. ______________________________
2. ______________________________
3. ______________________________
4. ______________________________
5. ______________________________
6. ______________________________
7. ______________________________
8. ______________________________

9 Encuentre ocho palabras referentes a comprar ropa.

Á	C	A	L	Z	A	D	O	T	H	Ó	T
E	G	T	C	F	R	E	B	A	J	A	S
C	A	N	U	O	Q	A	W	L	R	T	U
M	N	B	H	O	N	P	O	L	K	I	D
Q	G	Z	S	C	D	J	E	A	T	F	A
R	A	I	D	O	F	F	U	H	Í	O	D
T	L	É	C	V	F	G	H	N	Y	W	E
V	A	Q	U	E	R	O	S	G	T	U	R
Z	C	D	F	G	H	J	K	L	W	O	A

Nombre: ____________________ Fecha: __________

10 Escriba la palabra que corresponda con cada definición.

1. ____________________: es un tipo de pantalones
2. ____________________: dos ejemplos son mediana y grande
3. ____________________: es un tipo de tela que tiene dibujos en la tela
4. ____________________: cuando hay precios especiales
5. ____________________: es un tipo de tela estampada con círculos

11 Conteste las siguientes preguntas con oraciones completas.

1. ¿Qué ropa llevas en un día normal?

   ____

2. ¿Dónde te gusta comprar ropa?

   ____

3. ¿Cuándo hay rebajas en aquella tienda?

   ____

4. ¿Qué talla de camiseta usas?

   ____

5. ¿Cuáles son tus colores favoritos de ropa? ¿Te gustan los colores vivos?

   ____

6. ¿Prefieres los vaqueros claros u oscuros? ¿Anchos o estrechos?

   ____

7. ¿Prefieres las camisetas estampadas o lisas?

   ____

Nombre: ______________________________ Fecha: ______________

Repaso rápido: Cuando los colores son adjetivos

Adjectives of color usually agree in gender and number with the nouns they modify. Such adjectives also can have diminutive endings.

Elena va a comprar unos zapatos negros.	Elena is going to buy some black shoes.
Marisol quiere una bufanda roja.	Marisol wants a red scarf.

The gender and number of a color do not change when it is accompanied by a modifier.

Alberto busca unas camisetas azul marino.	Alberto is looking for some navy blue T-shirts.

The expressions *de color* and *color de* are often used when the color refers to an element of nature.

El suéter es de color miel.	The sweater is honey-colored.

The gender and number of a color do not change when the phrases *de color/color de* are omitted but understood.

Marisol compró unas zapatillas (de color) rosa.	Marisol bought pink slippers.

12 Escriba oraciones completas con las pistas que se dan para describir cómo Elena combina los colores de la ropa.

MODELO: vaqueros / azul   camiseta / azul marino
Lleva los vaqueros azules con la camiseta azul marino.

1. bufanda / negro   blusa / blanco
____
2. suéter / beige   pantalones / azul
____
3. zapatos / blanco   vaqueros / azul marino
____
4. pantalones / blanco   sandalias / azul
____
5. camiseta / morado   vaqueros / negro
____
6. suéter / rojo   blusa / blanco
____

Nombre: ______________________________ Fecha: ______________

13 Explique qué ropa va a llevar al colegio mañana y qué ropa va a llevar a una fiesta formal. Debe indicar los colores y otros detalles de la ropa.

para el colegio:

____

____

____

____

____

____

para la fiesta:

____

____

____

____

____

____

Nombre: ______________________________ Fecha: ______________

Repaso rápido: Los diminutivos y los aumentativos

Suffixes (i.e., *-ito/a, -ico/a, -illo/a*) can be added to nouns, adjectives and names to indicate small size or endearment: *bajo → bajito, coche → cochecito, trabajo → trabajillo.*

Words that end in a consonant usually add *-c* to the suffix: *canción → cancioncita.*

Note that in certain cases the suffix *-illo/a* changes the meaning of a word.

bolso = bag	*bolsillo* = pocket
zapato = shoe	*zapatilla* = slipper
planta = sole of the foot	*plantilla* = inside sole of a shoe

In contrast to the diminutives noted above, certain suffixes called *aumentativos* can be added to nouns to indicate a larger size.

-ón/ona	*simple*	→	*simplón*
-azo/a	*trabajo*	→	*trabajazo*
-ote/a	*anillo*	→	*anillote*

In several cases a feminine word becomes masculine and there is a change of meaning.

una camisa = a shirt	*un camisón* = a nightgown
una silla = a chair	*un sillón* = an armchair
una taza = a cup	*un tazón* = a bowl

14 Carlitos y David son muy diferentes porque Carlitos es pequeño y David es grande. Ponga las palabras correctas en los espacios para completar cada oración.

cabezón sillón pantaloncitos bajito gorrita sillita zapatotes

1. David es alto pero su hermano Carlitos es ______________________.
2. Carlitos lleva ______________________ azules.
3. Los pies de David son grandes y por eso lleva ______________________.
4. En la cabeza, Carlitos lleva una ______________________.
5. La gorra de David es más grande porque es muy ______________________.
6. Carlitos se sienta en una ______________________ y su hermano se sienta en el ______________________.

Nombre: ______________________________ Fecha: ______________

Lección B

1 Escriba en los espacios las letras de las frases de la columna de la derecha que correspondan con las palabras de la columna de la izquierda.

1. ______	tintorería	A. estado en el que queda una prenda después de caerle comida
2. ______	arrugada	B. estado de la ropa después de mucho uso
3. ______	manchada	C. cuando la ropa pierde color
4. ______	gastada	D. un negocio que lava ciertos tipos de ropa
5. ______	desteñirse	E. cuando la ropa es más pequeña que antes
6. ______	encogerse	F. estado de la ropa antes de plancharse

Repaso rápido: El subjuntivo en cláusulas adverbiales

Three other conjunctions that require the subjunctive are *a menos que*, *con tal de que* and *sin que*.

Roberto no va al baile a menos que su novia pueda ir.	Roberto isn't going to the dance unless his girlfriend can go.
Carlos va a alquilar un traje formal con tal de que le quede bien.	Carlos is going to rent a formal suit provided that it fits him well.
Enrique no puede ir al baile sin que sus padres lo sepan.	Enrique can't go to the dance without his parents knowing about it.

Aunque is followed by the subjunctive if there is a sense of uncertainty. Otherwise, the indicative is used.

Voy a comprar el traje aunque cuesta mucho.	I am going to buy the suit even though it costs a lot. (The speaker knows the cost.)
Voy a comprar el traje aunque cueste mucho.	I am going to buy the suit even if it might cost a lot. (The speaker is unsure of the cost.)

Nombre: ____________________ Fecha: __________

2 Complete las siguientes oraciones sobre los preparativos para un baile en Guadalajara. Siga el modelo.

MODELO: Roberto va a ver a su primo para que le preste un traje. (prestar)

1. Carlos va a alquilar un traje con tal de que __________ su talla. (encontrar)
2. Enrique llevará un traje con tal de que el sastre __________ arreglarlo. (poder)
3. El vendedor no estará contento a menos que los chicos __________ los trajes. (alquilar)
4. Carlos va a comprar un regalo para Alicia a fin de que ella __________ una sorpresa. (tener)
5. Los chicos irán a una tienda más para que Roberto __________ un corbatín. (comprar)

3 Imagine que Ud. tiene la responsabilidad de cuidar a unos niños. Complete las siguientes oraciones para resumir las reglas que los vecinos han establecido.

MODELO: Pueden mirar la televisión con tal de que los programas sean buenos. (ser)

1. Los niños no pueden ver la televisión a menos que __________ la tarea. (terminar)
2. Ellos pueden comer helado con tal de que __________ las verduras primero. (comer)
3. Tienen que acostarse a las nueve aunque no __________. (querer)
4. Pueden salir de la casa sin que tú __________ con ellos. (ir)
5. Este dinero es para que tú les __________ unos dulces en la tienda. (comprar)
6. Vamos a llamar a casa a fin de que tú nos __________ cómo están. (decir)

Nombre: ______________________________ Fecha: ______________

4 Cambie las oraciones, usando adjetivos posesivos. Siga el modelo.

MODELO: Mi traje es negro.
El traje mío es negro.

1. Su novia se llama Alicia.

____

2. Sus amigos viven en Guadalajara.

____

3. Tu chaqueta es muy elegante.

____

4. Nuestra fiesta será el sábado.

____

5. Mis amigas estarán en la fiesta.

____

5 Use la información indicada para comparar diferentes personas con Carlos.

MODELO: La novia de Carlos se llama Alicia. (Roberto / Cristina)
La suya se llama Cristina.

1. El colegio de Carlos está en México. (yo / Estados Unidos)

____

2. Los amigos de Carlos son cómicos. (nosotros / simpáticos)

____

3. El traje de Carlos es formal. (tú / elegante)

____

4. La familia de Carlos es grande. (Enrique / pequeña)

____

5. Los hermanos de Carlos son mayores. (Roberto / menores)

____

Nombre: ______________________________ Fecha: ______________

6 Conteste las siguientes preguntas con oraciones completas.

1. ¿Llevas una cadena o un anillo?

   ___

2. ¿Quién de tu familia lleva más joyas?

   ___

3. ¿Quién de tu familia lleva gemelos en sus camisas?

   ___

4. ¿Dónde se venden llaveros en tu ciudad?

   ___

5. ¿Qué te gusta regalar a tus amigos?

   ___

6. ¿Qué te gusta recibir como regalo?

   ___

7. ¿Te gustan las artesanías? Explica.

   ___

   ___

Nombre: ______________________________ Fecha: ______________

Repaso rápido: Otros usos del infinitivo

Remember that the infinitive can be used as a noun in an impersonal expression, such as *es bueno, es importante, es divertido.*

*Es divertido **ir** de compras.*	**Going** shopping is fun.

It can also be used in proverbs.

***Ver** para **creer**.*	**Seeing** is **believing.**

The infinitive is often used after a preposition. (In English the present participle would be used.) Some prepositions that are frequently used with the infinitive are: *antes de, después de, para, por, sin, en vez de.*

*Me peiné **después de vestirme**.*	I combed my hair **after getting dressed.**

The contruction *al* + infinitive is used to show that two actions occur simultaneously. It is equivalent of the English *on* (upon) + past participle.

*La botella se rompió **al abrir** la caja.*	The bottle broke **upon opening** the box.

7 Termine las siguientes oraciones de una manera lógica, usando un verbo en el infinitivo.

MODELO: Es una lástima tener la ropa manchada.

1. Es divertido ______________________________
2. Es excelente ______________________________
3. Es malo ______________________________
4. Es importante ______________________________

8 Escoja la palabra que completa lógicamente cada oración.

1. Vamos a mirar otras cadenas antes de (compran / comprar) esta de oro.
2. Después de (ir / voy) a la joyería voy a ir al salón de belleza.
3. Este jarrón de cristal me parece perfecto para (ajustar / Alicia).
4. Muchas gracias por (venir / acortar) a nuestra fiesta.
5. Graciela nunca sale a la calle sin (raparse / aretes).

Nombre: ______________________________ Fecha: ______________

Repaso rápido: Usos del gerundio y del participio pasado

Remember that the present participle, or gerund, is used with *estar* to form the progressive tense. In this case, it stresses the fact that the action of the verb is continuing at the time.

*No puedo ir a la zapatería ahora porque **está lloviendo**.*	I can't go to the shoe store now because **it is raining**.

It can also stress a continuing action with *continuar, seguir,* and other verbs of motion *(venir, andar, entrar, ir).*

***Van corriendo** por la calle.*	**They are running** through the street.
***Seguía pensando** en el precio.*	**He kept thinking** about the price.

It can also express the cause, manner or means of an action. In English, this is often accompanied by a word such as *by, as,* or *when.*

***Practicando**, aprendí a coser bien.*	**By practicing**, I learned how to sew well.

It can also describe the background action of the main verb.

***Caminando** por la calle, me encontré con María.*	**While walking** through the street, I ran into María.

The past participle's main use is forming compound tenses with *haber.*

***He comido** pollo.*	**I have eaten** chicken.
***Habíamos comprado** unos vaqueros.*	**We had bought** some jeans.

When used in forming compound tenses, the past participle always ends in -*o*. At all other times, the past participle functions as an adjective and must agree in number and gender with the noun it modifies.

*Ella se peina **parada** delante del espejo.*	She combs her hair **standing** in front of the mirror.

It can also be used with *estar* to express a condition or state that is generally the result of an action.

*Los niños jugaron con el jarrón y ahora el jarrón **está roto**.*	The children played with the vase and now the vase **is broken**.

Nombre: ____ Fecha: _________________

9 Escoja entre el gerundio, el infinitivo y el participio para completar cada oración.

MODELO: Mi familia está en el centro comercial y por eso la puerta de nuestra casa está <u>cerrada</u>. (cerrar)

1. Mis hermanos se distraen ______________________ en el centro comercial. (comprar)
2. Nosotros siempre miramos los precios antes de ______________________. (decidir)
3. Al ______________________ en una tienda, quiero saber si hay rebajas. (entrar)
4. No compro nada si los artículos están ______________________. (romper)
5. Sigo ______________________ que mi hermano mayor gasta mucho dinero. (pensar)
6. A veces vuelvo a casa sin ______________________ nada. (comprar)

10 Complete las oraciones, usando el participio pasado de los verbos entre paréntesis.

1. Yo había ___________________ un broche hace muchos años. (comprar)
2. Las mangas de la chaqueta de Ernesto se habían ___________________ después de lavarla. (encoger)
3. El jarrón que compré ayer estaba ___________________. (romper)
4. No he ___________________ ninguna carta porque no tengo papel de carta. (escribir)
5. Rosario no ha ___________________ de la joyería todavía. (volver)
6. Mi traje nuevo fue ___________________ por el nuevo sastre. (coser)

Nombre: ______________________________ Fecha: ______________

Unidad 10

Lección A

1 Escriba en los espacios las letras de las frases de la columna de la derecha que correspondan con las palabras de la columna de la izquierda.

1. ______ psicólogo	A. persona que hace planos de edificios
2. ______ diseñador	B. persona que puede arreglar problemas de agua
3. ______ arquitecto	C. persona que estudia el comportamiento de las personas
4. ______ electricista	D. persona que diseña ropa
5. ______ fontanero	E. persona que tiene su propio negocio
6. ______ empresario	F. persona que puede arreglar problemas de luz

2 Ponga los siguientes campos y carreras en su orden de interés personal, numerándolos de uno a siete. Luego escriba por qué le interesa el campo o la carrera que seleccionó como primera opción.

la arquitectura ______

la ingeniería ______

la informática ______

la producción de cine ______

las relaciones públicas ______

ser diseñador(a) de ropa ______

la psicología ______

Me interesa ______________________________ porque ______________

____

____

____.

Nombre: ______________________________ Fecha: ______________

3 Conteste las siguientes preguntas con oraciones completas.

1. ¿Qué campos de trabajo te interesan?

____

2. ¿Hacia qué campo tienes una pasión especial?

____

3. ¿Estás seguro/a de lo que quieres hacer en el futuro?

____

4. ¿Has solicitado una beca alguna vez? ¿Qué pasó?

____

5. ¿En qué campo tienes mucha facilidad?

____

6. ¿Cuáles son las ventajas y las desventajas de ser empresario/a?

____

____

____

____

____

Nombre: ____ Fecha: ________________

Repaso rápido: Verbos que terminan en *-iar* y en *-uar*

Most verbs ending in *-iar* and *-uar* are regular verbs. They include:

-iar		**-uar**	
confiar en	to trust	*acentuar*	to accent
criar	to raise	*actuar*	to act
enfriar	to cool	*atenuar*	to lessen
enviar	to send	*evaluar*	to evaluate
fotografiar	to photograph	*graduarse*	to graduate
esquiar	to ski	*insinuar*	to insinuate
guiar	to guide	*situar*	to situate
vaciar	to empty		
variar	to vary		

Some verb forms break the diphthong and for this reason there is a written accent mark in all present indicative, present subjunctive and command forms except *nosotros*.

Ellos esquían en Chile.	They ski in Chile.
Quiero que Uds. evalúen el trabajo.	I want you to evaluate the work.
Nosotros enviamos mensajes de texto.	We send text messages.

4 Escoja entre los verbos de la lista el verbo que complete apropiadamente cada oración y dele la forma correcta del presente indicativo. Ponga la tilde cuando sea necesario.

variar guiar enviar actuar esquiar evaluar graduarse

1. La calidad de diferentes marcas de ropa ________________________ mucho.
2. Los profesores ________________________ a los estudiantes.
3. Luis trabaja en un parque nacional donde ________________________ a los turistas.
4. A veces ese chico ________________________ de una manera rara.
5. Tú ________________________ del colegio en junio.
6. Yo ________________________ mi solicitud de beca a diferentes universidades.
7. Nosotros ________________________ en las montañas en el invierno.

Nombre: ______________________________ Fecha: ______________

5 Encuentre cinco palabras referentes a buscar trabajo.

S	O	L	I	C	I	T	A	R	Y	R	V
Q	R	U	I	Ó	P	E	C	I	Í	E	L
X	C	V	Á	Y	U	I	W	O	P	F	É
Z	Q	V	W	E	R	T	G	F	H	E	K
G	R	A	D	U	A	R	S	E	C	R	S
X	E	G	D	T	Y	U	P	L	M	E	B
W	L	E	D	Á	R	U	I	C	V	N	N
E	L	T	C	V	G	F	K	I	O	C	Ú
S	E	E	Á	T	I	Ó	P	V	B	I	J
W	N	S	D	X	V	C	B	N	I	A	L
Z	A	A	F	G	H	J	K	L	R	S	L
S	R	C	O	N	T	R	A	T	A	R	Y

6 Ponga las letras en el orden correcto para escribir cinco palabras referentes a una entrevista de trabajo.

1. efbicioens ______________________
2. uespto ______________________
3. quitossrei ______________________
4. udoels ______________________
5. roialumfro ______________________

Nombre: ______________________________ Fecha: ______________

7 Conteste las siguientes preguntas con oraciones completas.

1. ¿Qué tipo de trabajo te gustaría solicitar?

____

____

2. ¿Qué información pondrías en tu currículum vitae?

____

____

3. ¿Te gustaría tener un trabajo de jornada completa o de media jornada? ¿Por qué?

____

____

4. ¿Cuál es un ejemplo de ser una persona emprendedora?

____

____

5. ¿Quién sería una buena referencia para ti? Explica.

____

____

Nombre: ______________________ Fecha: ____________

Repaso rápido: Usos del subjuntivo y del indicativo

Use the subjunctive:

- after expressions of doubt

No creo que ellos tengan experiencia.	I don't think they have experience.
Dudo que ella sea emprendedora.	I doubt that she's enterprising.
No estoy seguro de que te conozca.	I'm not sure I know you.

- after impersonal expressions of uncertainty or doubt

No es verdad que él tenga dos cartas de referencia.	It's not true that he has two letters of recommendation.

- to give advice and make suggestions or recommendations

Jorge dijo que rellenáramos el formulario.	Jorge told us to fill out the form.

- to refer to an indefinite or unknown person or object

Necesito una persona que hable español.	I need a person who speaks Spanish.

- after certain conjunctions such as *aunque, cuando, en cuanto, hasta que, tan pronto como,* if the outcome of the action is uncertain

Voy a comprar esa computadora aunque sea cara.	I am going to buy that computer even though it could be expensive. (It's possible that it may be expensive.)
Lo compraré cuando tenga dinero.	I'll buy it when I have money.

Use the indicative:

- to express certainty

Estoy seguro de que te conozco.	I am sure I know you.

- after impersonal expressions of certainty

Es cierto que ella es muy trabajadora.	It's true she is very hardworking.

- to report actions

Jorge dijo que su hermano aceptó el trabajo.	Jorge said his brother accepted the job.

- to refer to known people or objects

Necesito a la profesora que sabe español.	I need the teacher who speaks Spanish. (I know she exists.)

- after certain conjunctions if the outcome of the action is certain

Voy a comprar esa computadora aunque es cara.	I am going to buy that computer even though it is expensive. (I know the price.)

Nombre: ______________________________ Fecha: ______________

8 Imagine que un amigo suyo está buscando trabajo. Escriba seis oraciones para darle consejos.

MODELO: recomendar / tú preparar tu currículum
Recomiendo que tú prepares tu currículum.

1. recomendar / tú escribir una carta de presentación

____

2. esperar / tú solicitar varios puestos

____

3. es importante / nosotros leer los anuncios

____

4. es necesario / tú vestirse bien para la entrevista

____

5. querer / nosotros practicar antes de la entrevista

____

6. esperar / la empresa ofrecerte un puesto

____

9 Complete las siguientes oraciones, usando el subjuntivo o el indicativo de los verbos entre paréntesis según corresponda.

1. No creo que ______________ más empleados en mi compañía este año. (contratar)
2. Creo que ella ______________ muy emprendedora. (ser)
3. No conozco a una de las personas que ______________ en tus referencias. (estar)
4. Necesito al muchacho que ______________ con los requisitos para que empiece mañana. (cumplir)
5. No creo que Julio ______________ la experiencia para el trabajo de la joyería. (tener)
6. Me piden que ______________ este formulario para solicitar el trabajo. (rellenar)

Nombre: ______________________________ Fecha: ______________

Repaso rápido: El subjuntivo con sujeto indefinido

Remember to use the subjunctive to describe an indefinite or unknown person or object.

Buscamos una persona que hable español e inglés.	We are looking for a person who speaks Spanish and English.
Manuel quiere vivir en una ciudad que sea tranquila.	Manuel wants to live in a city that is quiet.

10 Haga oraciones completas con las palabras que se dan para finalizar un anuncio de trabajo.

MODELO: buscamos una persona / hablar dos lenguas
Buscamos una persona que hable dos lenguas.

1. necesitamos una persona / tener experiencia

____

2. queremos una persona / haber estudiado en otro país

____

3. es necesario / ser responsable

____

4. es necesario / poder viajar

____

5. queremos / mandarnos su carta de presentación y currículum

____

Nombre: ______________________________ Fecha: ______________

Lección B

1 Encuentre siete palabras referentes a avances y ciencia.

É	R	T	C	V	V	B	F	J	Ú	I	O
A	V	A	N	C	E	S	F	G	S	N	T
C	V	R	T	Y	U	É	G	U	Q	V	Á
G	Z	S	I	O	P	Y	R	B	N	E	V
E	B	F	G	H	J	I	L	S	C	N	T
N	Y	R	T	E	V	H	V	B	N	T	O
É	T	H	G	Ú	N	N	Í	U	E	O	T
T	L	Ó	I	T	N	E	M	K	I	X	D
I	W	E	R	T	Y	U	S	O	P	W	É
C	M	I	C	R	O	S	C	O	P	I	O
A	W	E	U	T	Y	O	M	B	N	H	J
X	Ó	S	A	T	É	L	I	T	E	Q	M

2 Ponga las letras en el orden correcto para escribir cinco palabras referentes al espacio.

1. taiócesn ______________________
2. ronutaaast ______________________
3. tételsai ______________________
4. antaepl ______________________
5. vena ______________________

Nombre: ______________________________ Fecha: ______________

3 Escoja la palabra correcta de la lista para terminar cada oración.

microscopio	pantalla	se desarrollan	invento	planeta
se comunican	optimista	avances	predicen	astronautas

1. La investigadora está usando un ____________________ en el laboratorio.
2. Hemos visto grandes ____________________ en los medios de comunicación.
3. Me interesa la ecología y me importa el futuro del ____________________.
4. Parece que cada año ____________________ nuevos avances tecnológicos.
5. Personas por todo el mundo ____________________ por medio de satélites.
6. Soy ____________________ cuando pienso en el futuro.
7. Muchos científicos ____________________ que habrá problemas ecológicos en el futuro.
8. Los ____________________ estudiaron muchos años antes de empezar su misión.
9. La imagen en la ____________________ de alta definición es increíble.
10. El ____________________ de teléfonos celulares ha tenido un gran impacto en el mundo.

4 Diga seis cosas que Ud. piensa que habrá hecho en diez años.

MODELO: En diez años habré terminado la universidad.

1. ______________________________
2. ______________________________
3. ______________________________
4. ______________________________
5. ______________________________
6. ______________________________

Nombre: ______________________________ Fecha: ______________

Repaso rápido: Más sobre el imperfecto de subjuntivo

There are specific instances when you will need to use the imperfect subjunctive rather than the present subjunctive. They include:

- when the verb in the independent clause is in the preterite, imperfect or conditional

Quería que aprendiéramos de las nuevas tecnologías.	I wanted us to learn about the new technologies.

- with *me gustaría que* and *quisiera que*

Me gustaría que me las explicaras.	I would like you to explain them to me.

- in contrary-to-fact *si* clauses

Si tuviera más dinero, iría.	If I had more money, I would go.

- after *como si* (as if)

Él habla de la tecnología como si supiera todo.	He talks about technology as if he knew everything.

5 Cambie las siguientes oraciones al pasado. Ponga el primer verbo en el imperfecto y el segundo en el imperfecto del subjuntivo.

1. Quiero que nos expliques las innovaciones.

____

2. Esperamos que los avances sean positivos.

____

3. Me gusta que haya más desarrollo.

____

4. Es bueno que la tecnología facilite la comunicación.

____

5. Me sorprende que todo cambie tan rápido.

____

Nombre: ______________________________ Fecha: ______________

6 Escriba la palabra que corresponda a cada definición.

1. ____________________: capa de aire que rodea a la Tierra
2. ____________________: ave nacional de Estados Unidos
3. ____________________: el mamífero marino más grande
4. ____________________: que no hay suficiente
5. ____________________: producto químico que destruye la capa de ozono

7 Conteste las siguientes preguntas con oraciones completas.

1. ¿Qué especies en peligro de extinción conoces?

   ____

2. ¿Cómo piensas que se pueden conservar los recursos naturales?

   ____

3. ¿Reciclas la basura donde tú vives? ¿Qué reciclas?

   ____

4. ¿Cómo piensas que se puede evitar la contaminación ambiental?

   ____

Nombre: ______________________ Fecha: ______________

Repaso rápido: Repaso del subjuntivo

You have learned that the present subjunctive of most verbs is formed by removing the *-o* from the *yo* form of the present indicative tense and adding the following endings.

***-ar* verbs**	
yo	mir**e**
tú	mir**es**
él/ella/Ud.	mir**e**
nosotros/as	mir**emos**
vosotros/as	mir**éis**
ellos/ellas/Uds.	mir**en**

***-er* and *-ir* verbs**	
yo	com**a**
tú	com**as**
él/ella/Ud.	com**a**
nosotros/as	com**amos**
vosotros/as	com**áis**
ellos/ellas/Uds.	com**an**

Stem changes, spelling changes and irregularities that appear in the present indicative also appear in the present subjunctive.

Quiero que hagamos un viaje. I want us to take a trip.
Espero que puedas ir conmigo. I hope you can go with me.

Several verbs have irregular forms in the present subjunctive. They include *estar (esté), haber (haya), ir (vaya), saber (sepa), ser (sea)* and *ver (vea).*

Es mejor que vayamos juntos. It is better that we go together.
Espero que haya más puestos. I hope there are more jobs.

Usually the subjunctive is used in sentences that have two different clauses with different subjects and verbs. The notion of influence, emotion or doubt in the first clause causes the subjunctive to be used in the second clause.

subject 1 + present indicative verb + *que* + subject 2 + subjunctive verb

Recomiendo que solicites el puesto. I recommend that you apply for the job.
Dudo que haya mejores candidatos. I doubt that there are better candidates.

Nombre: ______________________________ Fecha: ______________

8 Forme oraciones lógicas con el subjuntivo usando elementos de cada columna.

MODELO: Ojalá que la profesora gane un buen sueldo.

es bueno		yo	trabajar en un comercio
es malo		mis amigos	tener un buen puesto
recomiendo		mi primo	ganar un buen sueldo
me gusta	que	nosotros	buscar trabajo
ojalá		Uds.	preparar un currículum
dudo		la profesora	tener una entrevista
prefiero		tú	solicitar varios puestos

1. ______________________________
2. ______________________________
3. ______________________________
4. ______________________________
5. ______________________________
6. ______________________________
7. ______________________________

9 Complete las siguientes oraciones lógicamente, usando el presente del subjuntivo para indicar lo que Ud. quiere que las siguientes personas hagan para proteger el planeta.

1. Que Ramiro no ______________________________. (arrojar)
2. Que Uds. ______________________________. (desarrollar)
3. Que tú ______________________________. (reciclar)
4. Que Marina ______________________________. (barrer)
5. Que nosotros ______________________________. (proteger)
6. Que Ud. ______________________________. (vivir)
7. Que Clara y Rosa no ______________________________. (usar)
8. Que todos ______________________________. (aprender)
9. Que Ernesto y Gloria ______________________________. (saber)

Nombre: ______________________ Fecha: ______________

Repaso rápido: Repaso de los usos del subjuntivo I

The subjunctive can be further summarized as follows. It is used:

- as an indirect command

  Dígale a Juan que solicite el puesto. Tell Juan to apply for the job.

- with verbs and expressions of preference, like and dislike

  Me interesa que tengas experiencia internacional. It interests me that you have international experience.

- with verbs and expressions of emotion

  Es triste que Ud. no pueda ir. It is sad that you cannot go.

- with verbs and expressions of doubt

  Dudo que el sueldo sea alto. I doubt that the salary is high.

- with words such as *como, donde* and *aunque* when there is uncertainty

  Empezaré a trabajar donde el jefe diga. I'll start to work where the boss says.

- with the expressions *dondequiera, quienquiera, cualquiera/cualesquiera* and *lo que* (when it means "whatever")

  Dondequiera que vayas, estaré. Wherever you go, I will be there.

- with the expressions *antes de que, cuando, después de que, en cuanto, hasta que, mientras que* and *tan pronto como* when there is uncertainty about when an action may or may not take place

  Luisa estará más contenta cuando le ofrezcan el puesto. Luisa will be happier when they offer her the job.

- with conjunctions showing intention or stipulations

  Tendrás un buen puesto con tal de que termines los estudios. You'll have a good job provided you finish your studies.

- with clauses that describe something or someone that is indefinite or nonexistent

  Buscamos un abogado que tenga experiencia. We are looking for a lawyer who has experience.

Nombre: ______________________________ Fecha: ______________

10 Marta es muy optimista pero sabe que no es fácil buscar trabajo. Termine sus ideas de una manera lógica con frases en el subjuntivo.

MODELO: Voy a solicitar el puesto aunque haya muchos candidatos buenos.

1. Voy a mandar mi currículum vitae aunque ______________________________
____
2. Tal vez yo ______________________________
____
3. Tendré un buen puesto en cuanto ______________________________
____
4. Buscaré trabajo dondequiera que ______________________________
____
5. No hay ningún puesto que ______________________________
____
6. Tendremos una gran fiesta para celebrar después de que ______________________________
____

Nombre: ____________________________ Fecha: ______________

Repaso rápido: Repaso de los usos del subjuntivo II

The subjunctive may also be used in the following situations:

- with words such as *cuando, como* and *donde,* when there is uncertainty about the future

Lo haré ***como Uds.*** *me* ***pidan****.*	I'll do it **the way you ask** me.
Podremos ir ***cuando terminemos*** *el trabajo.*	We'll be able to go **when we finish** the job.

- with relative pronouns such as *lo que, la que* and *que*

Averigua ***lo que puedas****.*	Find out **whatever you can**.

- with the word *aunque* when there is uncertainty about the facts

Dales una carta de referencia ***aunque no te la pidan****.*	Give them a reference letter **even if they don't ask you for it**.

- with time expressions such as *antes (de) que, después (de) que, en cuanto, hasta que, mientras que* and *tan pronto como* when they indicate uncertainty about when an action may or may not take place

Debemos cuidar los recursos naturales ***antes de que se agoten****.*	We have to take care of natural resources **before they run out**.
En cuanto me gradúe*, me mudaré a otra ciudad.*	**As soon as I graduate**, I'll move to another city.

- with expressions that indicate intention or purpose, such as *para que, a fin de que, a menos que, con tal de que* and *sin que*

Ven a la reunión ***para que te enteres de*** *lo que sucede.*	Come to the meeting **so that you'll find out** what's happening.
No iré ***a menos que hablen*** *del medio ambiente.*	I won't go **unless they speak** about the environment.

- with clauses that describe what is indefinite or hypothetical

No encuentro *ningún artículo* ***que hable*** *sobre la energía solar.*	**I can't find** any article **that talks** about the solar energy.

- with clauses that describe somebody who may not exist, as in classified advertisements

Busco *una persona* ***que sepa*** *de los últimos avances tecnológicos.*	**I am looking for** someone **who knows** about the latest technological advancements.

Nombre: ______________________ Fecha: ____________

11 Escriba frases originales usando el subjuntivo para indicar intenciones o propósitos que tenga para mejorar el medio ambiente.

MODELO: Voy a usar menos el carro a fin de que haya menos contaminación.

1. ______________________
2. ______________________
3. ______________________
4. ______________________
5. ______________________
6. ______________________

12 Imagine que Ud. es un(a) empresario/a del medio ambiente y que está buscando una persona para trabajar en su empresa. Escriba un aviso que describe el tipo de persona que busca.

MODELO: Compañía importante del medio ambiente busca persona que:
- sepa de desperdicios químicos
- desarrolle nuevos inventos para disminuir la contaminación